梅

開動了！

日本料理小知識放題

梅用知世

推薦序

在日台灣人「日本九州圈」版主　Peikie

這是第二次為梅用知世的第二本書寫推薦文，既是開心也是有緣分和榮幸。驚嘆她寫書的速度，還有對日本食文化的觀察入微，深情地表達出她對日本食物與研究菜單的熱愛。這本書細緻地描繪了日本飲食文化的多樣性，讓住在日本十年的我也感同身受。從原本的路邊攤小吃到高級餐廳，從生魚片到炸豬排，展現了日本人對飲食的極致追求。日本發展出獨特的生魚料理，在世界舞台上占有一席之地。而鎖國政策則導致了日本對外國口味的不適應，然而，這一限制反而催生了日本洋食的創新與發展，形成了獨具特色的日本洋食文化。看完後也等於上了一堂日本食物文化學課程。

從每頁文字中，彷彿能真切地感受到就在日本吃到每道料理的美味，從「米其林指南餐廳」到「東京銀座煉瓦亭」，梅用知世透過細膩的筆墨，將讀者帶入了日本飲食的奇妙世界，讓人不禁有一種置身其中的感覺。也將日劇《重啟人生》帶入書本中，用日劇描述日本的食文化，尤其讓喜歡日劇的台灣讀者更容易了解不過了。

此書深刻地探索了日本料理的世界，以及其中的種種文化、傳統和背後的故事。作者通過自己的親身經歷，將我們引入了一個關於食物和感知的獨特世界，這本書正是一場對於美食與文化的啟發性之旅。

書中介紹了日本料理的演變歷程，從古代的膾到現代的刺身，一切都細緻地呈現在讀者面前。透過書中的歷史探討，我們可以看到日本料理是如何隨著時代的變遷而不斷改變，同時又保持著深厚的傳統基礎。書中特別強調了刺身這道美食的重要性，並深入探討了其名稱的由來。這種對於料理名稱背後故事的追蹤，為讀者呈現了更豐富的視角，讓我們能夠更深刻地理解每道美食的意義，而醬油作為一個重要的調味品，不僅在日本自身得到廣泛應用，也在國際間取得了巨大的影響力。這種文化融合將食物的價值提升到了更高的層次，同時也突顯了食物與文化之間的緊密聯繫，食物就是形成文化的重要環節之一呀！

透過作者梅用知世的視角，我們看到了食物背後的故事，也更加理解了飲食如何影響和反映了文化的變遷。對於喜愛美食、對於日本文化感興趣的讀者來說，這本書無疑是一場美味的閱讀盛宴，讓我們在品味美食的同時，也更深刻地思考著我們對於食物和文化的感知。

一起空氣點餐

梅用知世

「我好愛吃東西！」沒錯，我要在作者序大聲說出這句話表達我對食物的熱愛。

日本食物的發展相當有趣，因為長達一千兩百年的禁肉令而發展出獨特的生魚料理；又因為鎖國政策，形成日本特有的飲食文化。在曾是世界最多人口的江戶都市中誕生壽司、天婦羅、蕎麥麵等速食，從原本的路邊攤小吃發揚光大成為眾人爭相造訪的米其林指南餐廳。

黑船來航打開日本之門，大量的洋食衝擊日本人的味蕾，吃不習慣外國口味？沒關係，日本人將其改造成適合日本人的口味，發展出炸豬排、蛋包飯、肉醬義大利麵等「日本洋食」。其中東京銀座的「煉瓦亭」更是許多洋食的起源，合理懷疑店主應該是坐時光機來的時空旅人。

除了吃以外，我也很喜歡看菜單，我和好友有一個無聊的習慣，雖然我們在不同縣市、分隔兩地，但是進餐廳吃飯時，都會順手拍個菜單給對方，接著煞有其事的「空氣點餐」，點得鉅細靡遺，好像人就坐在餐廳裡似的說出「我要一份肉醬義大利麵、起司粉撒多一點，甜點要草莓鮮奶油蛋糕，飲料冰美式，餐後上，謝謝。」

這樣的習慣已經行之有年，這本書會以菜單當作目錄也是基於我太愛看菜單點餐要脅編輯之下的產物。謝謝喜歡日本食物的各位，希望這一本書能讓你在品嘗日本美食時多增添一點趣味，並透過菜單目錄上的魚介料理、日式一品料理、麵飯類和甜點飲料等分類增進大家對日本食物的興趣，一起加入我空氣點餐的行列吧！

本日菜單

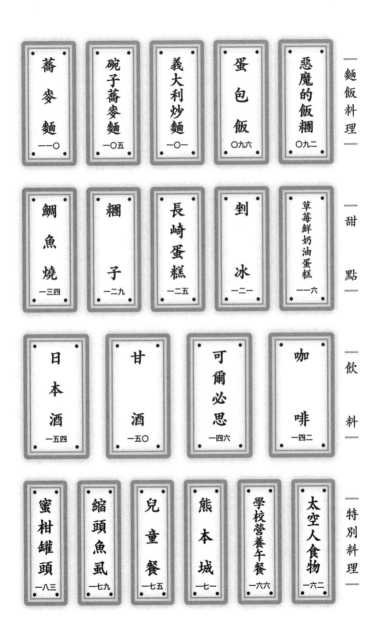

おつまみ

第一章

小菜

納豆

—納豆（なっとう）—

幾年前曾經在社交媒體上流行過「四百次咖啡」，據傳是一家位於澳門的咖啡老店「路環漢記咖啡」將咖啡、糖和水，以1：1：1比例加入容器後瘋狂攪拌四百次，不顧手臂肌肉抗議，硬是將咖啡打到像雲朵般綿密，最後倒入牛奶。在韓國綜藝節目上出現後聲名大噪的一種耗盡體力的飲品。

在日本可以媲美四百次咖啡的就是「四百次納豆」。先別急，在拿起筷子準備攪拌四百次納豆之前，先來聊聊納豆的起源。納豆是結合眾多巧合而出現的食物，容易保存的豆子多作為軍糧使用，據傳有人將煮熟的大豆包在稻草裡保存，用馬匹運送的過程中，大豆透過馬的體溫發酵了。

這股新奇的味道引人注意，此時有人用手肘戳戳隔壁的人「你去吃一下啦」、「為什麼是我啦，很臭耶」。也許當下一陣爭執，終於出現一位不怕吃壞肚子的人或是打賭賭輸的人願意吃發出異味的食物，幸運的話這個人不僅沒有拉肚子，甚至還成為美食發明家。

納豆因為價錢便宜又營養，江戸時代時成為庶民餐桌上的必備食物。不過和現在拌入白飯裡的吃法不太一樣，當時多是做成「納豆湯」。也因為食材保存不易，購買時並非像現代一樣一次買三入保麗龍裝的納豆，而是向路上叫賣的小販購買一餐的量，納豆小販一出現，便將湯碗遞給小販倒入納豆，用筷子攪拌一下便可以直接開吃，這就是江戶時代庶民的早餐風景。

先撇開會被列入噁心食物博物館的納豆本身驚人的味道，仔細品嘗，納豆的鮮味和甜味會慢慢在舌尖出現，尤其攪拌愈多下愈是好吃，如同四百次咖啡，納豆的神秘攪拌次數則是四百二十四次。

攪拌愈多次，牽絲會愈來愈多，納豆的形狀也會逐漸消失，但鮮味卻會慢慢展露。研究指出當納豆攪拌四百次，鮮味會達到最大值，日本人吃納豆平均攪拌二十六次，多半沒有達到納豆本身想要帶給大家的美味。

不過人類其實吃拌兩百次的納豆和吃拌四百二十四次的納豆並不會感到明顯的差異，僅會感受到顯著的肌肉酸痛。因此日本的全國納豆協同組合聯合會也告知喜愛納豆的民眾，拌納豆就是依自己喜好、心意到就好。

在日劇《重啟人生》中，女主角和上司聊到自己吃納豆時不會加黃芥末，但是又想到也許哪天會用到所以不敢丟掉，導致冰箱裡黃芥末愈囤愈多。我正好相反，為了做四百次納豆買了三入包裝納豆後，發現我只敢吃其中的黃芥末，反而冰箱裡囤積的是納豆。剩下的兩盒還在冷凍庫裡，雖然我找不到會用到這些納豆的機會，說不定會成為某次粉絲專頁舉辦活動的贈品，但我的良心告訴我最好不要。

章魚小香腸

—赤（あか）ウインナー—

某一天我在逛推特找靈感時，看到有人上傳連鎖餐飲店プロント（Pronto）的菜單，上面寫著「章魚小香腸五百隻，需預約，兩萬四千日圓」。往下滑看到其他人的留言說明原本這家店提供的菜單是章魚小香腸一千隻，四萬五千日圓，只是諸多客人反應一千隻太多了吃不完，店家才改成五百隻(梅)。不是吧！一千隻吃不完難道五百隻就吃得完嗎？日本人的重點總是很難抓。

雖然沒有實際吃過五百隻總重量大約六公斤的巨量章魚小香腸，但是不得不說

(梅) 並非プロント的所有分店皆有提供巨量章魚小香腸的菜單，如果想要挑戰的朋友，造訪之前請先確認店家是否有提供喔！

章魚小香腸吃起來就是比一般小香腸更有吃便當的氣氛，也許就像邊看電視邊吃洋芋片一樣不知不覺五百隻就吃完了也說不定呢。

幾乎是便當或是野餐時的定番配菜章魚小香腸的誕生，和琉球王國最後的國王尚泰（しょうたい）和他的家人們有關。琉球王國尚泰的孫子尚明（しょうあきら）在一九四〇年和宮城道子結婚，生下了大兒子卓和二兒子承。不過二兒子承五歲的時候，幼稚園老師和媽媽道子反應承是小鳥胃又是挑食鬼，幾乎不太吃東西，唯一愛吃的就是雞蛋小黃瓜三明治。媽媽道子做便當時為求配色精美，除了放黃白色雞蛋搭上綠色小黃瓜做成的三明治，也順便把紅色香腸放進去當配菜，增加色澤，希望可以引發寶貝兒子的食慾。

不過香腸的皮很硬、表面又光滑，筷子幾乎戳不進去，也不太好咬，吃起來有些麻煩。為了讓紅色香腸更好入口，道子把香腸切半，並在切口處多劃幾刀讓香腸更好食用，香腸加熱之後切的地方因受熱收縮捲了起來。紅色的身體加上捲曲的腳，看起來的確很像章魚。一九五九年，章魚香腸就這樣誕生啦！

後來道子的妹妹，也是知名料理評論家岸朝子有一天在節目上號召天下，說：「章魚小香腸是我姐發明的啦！」章魚小香腸的作法才透過電視傳到全日本各地。因為外型可愛、小朋友都很喜歡，許多人跟風做章魚小香腸，章魚小香腸正式入侵便當界，成為便當配菜霸主之一。

你一定也很好奇如果不吃章魚的人也可以吃章魚小香腸嗎？大分縣佐賀關的早吸日女神社有個和章魚有關的神話，因為這個神話，延伸出不吃章魚的祈願（蛸断ち祈願）：西元前六六七年，神武天皇東征遇到狂風暴雨導致船無法航行，他派了兩位海女潛入海中探查，此時住在深海的大章魚將神劍給海女們，請她們獻給神武天皇，神武天皇一接到神劍，天氣立刻轉晴，後來一帆風順。

將這把神劍奉為神體的早吸日女神社從此便開始供奉章魚。有點像台灣許願時禁吃牛肉一樣，參拜者在達成心願前則是禁吃章魚，該神社的宮司（梅）一家人則是從老人到小孩盡量不吃章魚。

日本綜藝節目「月曜から夜ふかし」為此做了驗證，想知道早吸日女神社宮司一家不吃章魚的程度。作風破天荒的節目拿出章魚小香腸，宮司一家人確認章魚小香腸只是外型像章魚、內在還是香腸後，是可以安心吃章魚小香腸喔，大家可以放心了！

(梅) 宮司（ぐうじ）　神社的主要負責人。

蒟蒻

蒟蒻（こんにゃく）

日本在「最想擁有的哆啦A夢道具」的市場調查中，榮登第一名寶座的是「任意門」，占了市調比例半數，具有壓倒性的人氣。另一個調查「如果可以購買，你願意花多少錢買哆啦A夢的哪個道具」中，日本人平均願意花七億三千九百萬日圓購買「說謊成真機」，是市調中最高價的道具。

這兩個道具我也都很想要，尤其是說謊成真機基本上就是許願精靈，只要套上鳥嘴說「我有一百億美金可以亂花」或是「業配接不完、數鈔到手軟」，說出來的謊就會成真，方便到其他道具幾乎可以直接被說謊成真機取代。

哆啦A夢有這麼多厲害的道具，倒是沒想到超市一包不到一百日圓的蒟蒻如果是傳說中的翻譯蒟蒻的話，日本人居然願意掏出一千一百萬日圓購買！雖然以現在的科技吃了蒟蒻還不能精通各國語言，賣一般蒟蒻也很難發大財，不過還真有一位靠蒟蒻升官的蒟蒻粉始祖——中島藤右衛門。

蒟蒻的製造和保存一直都是複雜的難題。含有生物鹼毒性的蒟蒻芋放在路邊連老鼠都不會吃，原本不可生食的蒟蒻芋在變成可食用的蒟蒻之前，必須經過乾燥、磨粉、熬煮、加入石灰、凝固等重重工法。人類想方設法把蒟蒻芋變成可以吃的蒟蒻，只是蒟蒻保存不易、搬運困難，一般人不會特別想吃這麼麻煩的東西。

江戶時代後期，中島藤右衛門試著將蒟蒻做成蒟蒻粉，更利於保存和運輸，他傾注十八年歲月在研發蒟蒻粉上，最後才終於讓蒟蒻變成日本國民食物，成為關東煮和鬼屋的熱門配料之一。在伸手不見五指的鬼屋裡一不小心碰觸到滑溜的蒟蒻，就像是摸到冰涼的人體似的，恐怖喔，恐怖到了極點喔！

串起豆腐或是蒟蒻，在表皮塗味噌燒烤的方式稱為味噌田樂，是江戶時代很受庶民歡迎的一種料理方式。不過懶惰是人之常情，懶得串食物、懶得沾味噌醬，直接把所有食材丟在有醬料的鍋子裡一起煮更方便，據傳就是關東煮的起源。

蒟蒻因富含水溶性纖維，能幫助腸道蠕動，又有腸道清道夫之稱。在江戶時代曾發生富士山火山爆發——寶永大噴發，噴出了大量的火山灰。據紀錄，火山灰像飄雪一樣落在江戶，就算太陽當空照，天空也被黑灰覆蓋得不見天日，地面積了兩公分厚的火山灰，造成身體及生活的不適。

當時的江戶人想到利用腸道清道夫之美名的蒟蒻來清腸胃，結果像颱風前搶泡麵、疫情搶衛生紙和口罩一樣，江戶人開始大量購買蒟蒻，造成蒟蒻供不應求，價錢一飛衝天，甚至不用是翻譯蒟蒻也有人願意拿著大把銀子購買。

仔細想想日本人願意花一千一百萬日圓購買翻譯蒟蒻，但蒟蒻又可以促進排便，如果真的把翻譯蒟蒻吃進肚裡，一千一百萬的價值在身體裡也無法停留太久吧，翻譯能力連同大把鈔票在肚子裡翻滚後，物理上的放水流了呢。

地瓜

―薩摩芋（さつまいも）―

我超愛吃地瓜，尤其是台農五十七號地瓜，我常去量販超市買好幾公斤的地瓜回家烤，烤得滿室地瓜香。在小小的烤箱裡面烤呀烤呀烤、烤大大的地瓜吃冰冰的地瓜。在日本生活時因為是眾多室友一起生活，狹小密室裡烤地瓜深怕變成室友鼻屎大的動機、汪洋般的殺意，為了不讓自己和地瓜一起被埋在土裡，想吃地瓜時都是買外面播放「烤地瓜」叫賣聲的地瓜餐車。

在冬季吃烤地瓜餐車有種獨特的情懷，提到地瓜，除了餐車地瓜，還有很好吃的「大學芋（大学芋〔だいがくいも〕）」，這是將切成塊狀的地瓜炸過或煎過後，趁熱拌入蜜糖的甜菓子，整個地瓜甜甜酥酥，令人欲罷不能。只是大學芋為什麼要叫大學芋，蜜糖地瓜或是蜜糖炸地瓜不是更符合人設嗎？難不成真的是某位大學生在宿舍烤地瓜，結果被同學埋在後院土裡變地瓜？

還好大學芋並不是這麼陰暗的故事。傳說大學芋名字的由來是大正時期至昭和年代，青春洋溢的大學生很喜歡到東京神田一帶的學生街上買蜜糖地瓜，所以就取了大學芋這個名字。這個說法還有另一種版本：一九四〇年左右，在東大赤門前有一間名為「三河屋」的地瓜店想出把地瓜裹蜜糖的新菜單，結果造成大學生間的喜愛。這兩種說法的相同點就是因為在大學生之間很有人氣，所以取名為大學芋。

也有一說是昭和初期的東京大學（當時為東京帝國大學）學生為了賺取學費，

所以開始販賣蜜糖地瓜。

日本人利用地瓜做出的甜食品項也是五花八門，其中最簡易也最常見的「地瓜燒（スイートポテト）」，作法相當簡單，將地瓜、砂糖、牛奶、無鹽奶油攪一攪，捏成自己喜歡的形狀，通常會捏成和地瓜一樣的橢圓狀，在表面塗一點蛋黃後送入烤箱烘烤即可。

雖然沒有詳細的紀錄記載是哪位值得被感謝的偉人發明地瓜燒這麼好吃的東西，但據說是明治時代時，東京某位洋菓子職人結合地瓜和洋菓子技術發展出來的甜品。聽起來雖然像洋菓子實際上卻是在日本誕生的洋風和菓子，不過地瓜燒日後長得愈來愈像洋菓子，到現在偶爾被問到地瓜燒是哪裡人，可能有些人會以為是坐飛機來的洋菓子。

江戶時代也有人和我一樣熱愛地瓜，甚至在一七八九年還出版過一本《甘藷百珍》介紹一百二十三種地瓜食譜。只是江戶時代庶民住的長屋很怕火災，一般人沒有辦法在家裡自己烤地瓜吃，大約在一七九三年左右烤地瓜攤販誕生。

烤地瓜攤的看板上寫著「八里半（はちりはん）」，意思是味道和烤栗子（日文為くり，音似九里）相近卻不及，於是少個半里叫做八里半來稱呼地瓜。在砂糖很貴重的時代，地瓜的甜味和便宜好入手的價錢造成大人氣搶購。後來，烤地瓜屋的看板出現了「十三里（じゅうさんり）」的稱呼，有人說：「地瓜比栗子（九里）還好吃四里」，簡單計算，九里加上四里等於十三里。也有人說江戶時代地瓜的名產地川越到江戶的距離也是十三里，於是用十三里來稱呼地瓜。

地瓜的美味，江戶人最知道。文化文政期間引起了烤地瓜風潮，剛烤出來的地瓜又香又甜，一吃就停不下來，太過美味導致庶民人手一顆、吃不夠再買好幾顆，曾經被當作緩解飢荒的地瓜，卻無意間造成愈來愈多江戶人爆吃地瓜吃到變超胖。不過我深信好吃的東西熱量趨近於零，減肥永遠是明天的事情，變胖絕對不能怪罪地瓜！

海苔

海苔（のり）

西元七〇二年一月一日，換算成新曆為二月六日，日本飛鳥時代的基本法典《大寶律令》指定「海苔」為每年上繳到國庫的稅金之一，因此，愛過節日的日本人制定二月六日為海苔紀念日。

飲食生活中少不了海苔的日本人從繩文時代就開始吃海苔了，只是到了江戶時代後期才有把海苔變成紙片般乾燥海苔的作法，在此之前，日本人都是吃「生海苔」。生海苔也是因緣際會下的產物。漁民設立陷阱捕魚，發現海藻攀附在用櫟樹做成的陷阱上，物理上的自投羅網想必就是這麼一回事。雖然不是魚類，但附著在陷阱上的紅藻不吃白不吃，於是開始有吃生海苔的習慣。

只是生海苔的細胞壁就像不要臉的人的臉皮一樣厚實堅硬難以消化，不過只要你吃個上千年，消化系統和達爾文就會讓你後代的胃順應愛吃海苔的天性。日本人從繩文時代練就出吃生海苔強健的胃，曾經有研究指出百分之九十的日本人腸胃裡有可以分解海苔、海帶的分解酶，這種消化酵素反而在其他國家的人身上較為少見，只有日本人的腸胃可以攻破生海苔的厚臉皮。

你開始擔心糟糕我們不是日本人，吃海苔吃到難以消化該怎麼辦？冷靜！現在我們常吃到的一片一片海苔因為烤過已經破壞掉細胞壁，沒有經過海苔分解酶天擇的腸胃也可以順利消化了。

知道胃可以消化烤過的海苔後，就可以放心的去超市買海苔了吧。我一直想到小時候看過的漫畫有人在爭執味付海苔（味付けのり）是邪門歪道的印象，到底是哪個漫畫的配角們在拌嘴味付海苔，要主角評評理，我想了好久都想不起來，倒是味付海苔和一般燒海苔是個對立的派別讓我從小印象深刻到現在，如果有人知道是哪部漫畫，希望可以告訴我，一解我心中的疑惑。事實上關東人偏好一般原味燒海苔、關西人則較喜歡味付海苔，在便利商店的御飯糰區也可以一窺一二。

經過調味的味付海苔據傳和明治天皇有關。一八六九年的某一天，在東京的明治天皇要返回京都御所一趟，就算是天皇也不能兩手空空回去吧！於是就問隨行的山岡鐵舟有沒有什麼推薦的東京伴手禮。現代到東京車站地下街伴手禮區隨手一撈就是名產，不過那時候可沒有東京芭娜娜或是起司奶油脆餅。天皇開口問了，山岡鐵舟便尋求海苔店老闆兼好友山本德治郎的建議。

既然山本德治郎開海苔店，當然不可能推薦其他不是海苔的東西吧。加上海苔是江戶的名產，當時品川是盛產海苔的地區，品川大宗出產的海苔超有名，甚至高價賣到京阪地區，是高人氣又高級的商品之一。當山本德治郎提案海苔當天皇帶回京都的伴手禮時，想到對方可是堂堂天皇大大，如果是一般人都買得到的普通海苔就太沒創意了。

以前就算做出烤海苔也沒有其他調味，通常都是原味燒海苔沾醬油一起吃，既然貴為天皇，吃海苔沾醬油的動作好像有點太庶民，沒辦法呈現天皇的尊爵不凡感。於是就想到把味醂、醬油、唐辛子等調味料人工塗抹在海苔上烤至入味，變成味付海苔。

縱使味付海苔是在東京誕生，卻在關西大為流行，有可能是因為關東地區的人從江戶時代就習慣吃沒有任何調味的一般原味燒海苔，關西地區則是離海苔產地品川太遠以及價錢高昂等因素無法理解一般原味燒海苔的好吃之處。

自從明治天皇帶了味付海苔回京都當伴手禮後，大阪有家海苔店開始大量製作味付海苔量販，用機器取代人力，再也不用勞工一片一片手刷調味料，人力成本下降，慢慢變成庶民也買得起的價格，味付海苔便在關西盛行。

海苔像紙張一樣可以包食物，又能順便吃進肚子裡，能用又能吃的便利性讓海苔一舉攻進日本人的餐桌，軍艦壽司、御飯糰、拉麵配料等等全部都可以摻一腳，在兒童便當中也擔任起剪紙造型的工作，訓練所有辛苦製作便當的爸爸媽媽們手部精細動作。若當初海藻沒有自投羅網，日本人的餐桌就會少了一點什麼，海苔在日本人飲食文化中占了一席特等之地。

想到一本我蠻喜歡的書《如果這世界上貓消失了》，講述一夕之間得知自己得了絕症的主角遇到一位惡魔，提出「讓貓從世界上消失，可以換取一天生命」要求的故事。當然貓貓絕對不能消失，海苔應該也可以列在絕對不能消失的名單前十名吧，雖然《如果這世界上海苔消失了》的書名聽起來不太有吸引力就是了。

魚介料理

ぎょかいりょうり

第二章

魚料理

生魚片

——刺身（さしみ）——

我是一個魚盲，不是指原生地在暗無天日海底所以不需要眼睛的盲魚，而是對魚類有嚴重臉盲症的魚盲。小時候幫媽媽去市場買魚，老闆問話時我通常支支吾吾答不上來或是答非所問，久而久之，「我是魚盲」的這件事情在市場傳開，我媽也就不太指派買魚的任務給我了。

不管是經過料理的魚還是新鮮捕獲的魚，我實在太好奇難道所有人都能辨別不同魚類品種嗎？於是在五百年前室町時代的官人中原康富的日記《康富記》中，我得到了安慰。一四四八年八月十五日，日記中寫著：「要判斷是鯛魚，會刺一小塊鯛魚皮在魚肉上作為識別，因此稱為『刺身』」這句話除了解釋為什麼生魚片寫作「刺身」，也同時洗刷我在市場上魚盲之汙名。值得一提的是《康富記》被視為第一個出現「刺身」二字的史料，也因此撰寫日記的這一天成為「刺身紀念日」。

日本人從很久很久以前就有吃生魚的習慣，說到生魚料理，不得不提日本最古早之正史《日本書紀》中的「膾（なます）」。「膾」是將魚肉切成細絲和醋拌在一起的料理，被喻為最古老的和食。以前幾乎是用河川魚做膾，但河川魚的生臭味比較重，才會用切細絲拌醋的方式減少腥味。到了室町時代，醬油開始普及，醬油的鹹度和濃郁度可以蓋掉河川魚的腥味，人們不用再切成細絲吃，切成厚片沾醬油食用反而更豪邁好吃。

不管是細切的「膾」還是厚切的「刺身」，魚肉把皮去掉之後長得都很像，每塊去皮的魚肉讓人分不清誰是誰，果然古人也是這麼認為，不是只有我。以前的人擔心因為魚肉長得太相像，黑心店家若把便宜的河川鯉魚假裝成高級深海鯛魚販賣，顧客渾然不覺受騙可就吃了大虧，所以店家會用竹籤刺一片該魚的魚皮或是魚鰭在魚肉上當作辨識，讓顧客安心購買。

也有另一說指出，生魚片曾經因為以切片方式製成而叫做「切身」，不過對武士來說這兩個字很不吉利，所以將「切」改成「刺」，變成刺身。會用「刺」這個字據傳與平安時代調理神明食物的「庖丁式（ほうちょうしき）」有關，庖丁式是將魚用筷子以戳刺的方式固定在桌子上，一手扶著筷子、另一手用刀處理魚身的一種調理方式。畢竟是要給神明吃的食物，人手直接碰到很不尊敬，所以才用筷子代替手戳刺食物來固定，相傳是刺身名字的來源之一。

雖然生魚片切一切看起來都差不多，但是講究的壽司職人在擺放盤裝綜合生魚片的位置除了色彩的配置以外也有考量食用順序。例如味道較淡雅清爽的白身肉會放在左前側最容易夾到的地方、貝類或黃色魚介類放在右手前側、味道較濃郁或油膩的赤身肉則會放在後側。擺放時後側堆高、前側平坦的高低落差就像是高山與流水，稱為「山水盛（さんすいもり）」。

透過這樣的順序，享用生魚片時才能品嘗到每一種魚類的口感。如果你和我一樣是魚盲，至少在吃職人端出兼具美觀與美味的生魚片擺盤時，記得口訣「從左前吃到右、白吃到紅、淡口吃到重口」，你也會看起來很厲害喔！

壽司

——寿司（すし）——

早在一千三百年前的奈良時代就有壽司，以前壽司可以當作稅賦，人民會繳納壽司進國庫。讓人不禁思考這樣國庫門一打開豈不都是臭酸的壽司，好險古人有智慧，將浸鹽的魚或肉與蒸熟的米飯一起醃製，再經由乳酸發酵變成能夠保存很久的「熟壽司（熟（な）れ鮨（ずし））」，國庫才不至於變成地獄繪圖。

雖然熟壽司能夠存放很久，但是相對製作期也超長，至少數個月至幾年。江戶人和我一樣都是急性子，每次我點完外送平台，就會秒看備餐了沒，或是一網購完立即點開配送進度，期待訂單送出的瞬間，宅配人員就已經在樓下按門鈴。

要醃上半年一年的壽司，對於「急！在線等！」的江戶人根本無法等候，於是從縮短成醃四、五天的「生熟壽司（生熟鮓）」到只要醃一個晚上的「早壽司（早寿司）」接連誕生，最終進化成只要把魚切片後放上加了醋的米飯的握壽司，進而取代「押壽司（押し寿司）」，成為江戶時代壽司界的潮流。

江戶時代的握壽司超級大一個，以現代份量二十克的握壽司而言，江戶時代的握壽司則是四十克，一口根本塞不進去，更可能一咬下去魚飯離散，物理上的吃相難看。從江戶時代的浮世繪中更可以看到以前的壽司曾出現過一整條星鰻或是一整條香魚直接放在米飯上的超大型壽司，為了解決吃相和便利性，據傳是握壽司起源店的與兵衛壽司將份量減半，進化成現今方便入口的尺寸。

但是由小入大易、由大入小難，習慣大尺寸的江戶兒女怎麼能屈就小尺寸！一個吃不夠，你有吃兩個嗎？因此店家推出兩個一樣口味的壽司當作一組販售，變成現在常見的壽司型態。

另一家也被說是握壽司起源的松壽司，在江戶時代類似美食評論網站食べログ的壽司名店榜紙本版為當時榜上有名的第一名店，甚至還登上歌川國芳（梅）的浮世繪，被當代人盛譽松壽司的出現讓壽司界為之一變。

江戶人說沒吃過松壽司就別說吃過壽司，雖然價格是其他家的兩倍，豎起高級壽司之旗，客人仍絡繹不絕。壽司從原本的平價路邊攤小吃麻雀變鳳凰成為高級料理，松壽司和與兵衛壽司還曾因為售價太奢侈觸法「儉約令」而受罰呢！

（梅）歌川國芳（歌川国芳 うたがわくによし） 江戶時代的浮世繪師，是歌川派晚期的代表繪師之一。

就算昂貴也要吃爆，極度喜愛魚料理的日本人在江戶時代末期，壽司店的數量就已經多過蕎麥麵店，二次大戰前，光是東京的壽司店就超過三千家。不過戰爭後，握壽司的本體米和魚的供給受到限制，眼看握壽司都快要握不起來了，瀕臨絕種危機！經營不下去的壽司店做出因應戰時食材短缺的「散壽司（散らし寿司）」取代握壽司。雖然現代的散壽司會放上魚肉，但在當時因為魚的配給和日本製造的壓縮機一樣稀少，只能做出沒有魚肉，只有菜和蛋為主要食材的散壽司。

但是幹嘛要去壽司店吃沒有魚的菜飯呢？客人不願意光顧導致倒閉的壽司店和非日本製造的壓縮機一樣愈來愈多。好不容易戰爭的影響到一個段落，所有的壽司店準備復出時，一九四七年又頒布飲食營業緊急措置令，限制餐飲業米飯和部分魚類的販售。

銀座壽司店主八木輝昌召集了壽司業界的霸主們召開壽司會議，他提出：「我們沒有米，那讓客人提供米；他們不會捏壽司，我們幫他們捏成壽司。」非常巧妙地閃避自己不是法令指的「餐飲業」，而是「加工業」。客人只要拿出加工費和當時的國民配給米一合（約量杯一百八十毫升），店家就提供一合米能做出的十貫壽司，這也是後來壽司店一人份為十貫的由來。

壽司店在門口掛上「持参米鮨委託加工」的牌子，握壽司委託加工業開始營業，成功解決壽司瀕臨絕種的問題。真是可喜可賀、可喜可賀！

鮭魚卵軍艦壽司

—いくら軍艦—

在壽司店除了吃握壽司，軍艦壽司也是許多人的愛好之一。我非常熱愛海膽，甚至願意每天以海膽洗面，也曾經在發薪日當天大手筆至海產店買一整盒海膽和便利商店的微波白飯，在自家廚房製作要價七千日圓的個人豪華海膽丼飯，緩解一整個月社畜的辛勞。

雖然我偏愛海膽軍艦壽司，但軍艦壽司的始祖是「鮭魚卵」，軍艦壽司也比一般握壽司還要晚很久很久才出生。據傳一九四一年東京銀座的壽司

店「銀座久兵衛」有一位常客，向壽司師傅今田壽治說想吃看看鮭魚卵壽司。像鮭魚卵、海膽這種顆粒狀或是長相不規則、軟綿綿的型態其實很難捏成握壽司，在握壽司當道的年代，這兩種食材幾乎不被當作握壽司的材料。

今田壽治想要滿足常客的要求，他將鮭魚卵放在飯上，想必鮭魚卵會像山崩一樣滾下來，於是今田壽治用海苔包覆在白飯四周，利用海苔和白飯萌萌的身高差做出可以擋住鮭魚卵山崩的牆壁，可以放上一些不容易捏成握壽司食材的軍艦壽司就誕生了。

只是當時握壽司主流當道，壽司業界認為從江戶時代傳承下來的壽司傳統不可以輕易改變，不是握壽司的壽司被保守的壽司界當作邪門歪道，甚至在NHK（日本放送協會）的廣播節目中，軍艦壽司大受嚴厲批判，被說成是「不入流之物」。

不過因為軍艦壽司的創新性和可用食材的廣泛性，終究還是被世人接受且喜愛，慢慢擴散到日本各地。特別是迴轉壽司店更是熱愛軍艦壽司，任何顆粒狀卵類的食材、細碎的魚膾、軟泥狀的蟹味噌等等琳瑯滿目的品種接二連三出現。

除此之外，用海苔包覆的壽司還有鐵火捲（鉄火巻），是一種將魚肉（特別是紅色的鮪魚）當作餡料放在醋飯上，再用海苔捲起來的圓柱狀食物，鐵火捲在無菜單壽司店中也幾乎是定番的一品。

日本的賭博場所又可以稱做鐵火場（鉄火場），據說鐵火捲就是讓沉迷在賭博中難以抽出時間吃飯的賭徒們可以單手吃東西填飽肚子而誕生的食物。一隻手拿著用海苔包著的鐵火捲，另一隻手負責賭博，這樣肚子會飽又不會中斷賭博，手甚至不會弄髒，非常方便。

賭博不分國界，既然日本的賭博場所誕生了鐵火捲，那歐美有沒有因賭博誕生的食物呢？有，就是三明治！而且三明治誕生的故事和鐵火捲有八成七像。十八世紀的英國有一位約翰・孟塔古伯爵，他超愛玩橋牌和朋友賭錢，常常玩到廢寢忘食，據說伯爵夫人為了讓他至少吃點東西，就用兩片麵包中間夾火腿、生菜，讓約翰・孟塔古伯爵一隻手拿著三明治吃，另一隻手還可以玩牌。

約翰・孟塔古伯爵所在的領地名為三明治村，他的賭博好朋友自從吃了「賭博好方便」的三明治後，發現也太好吃了吧，於是每次來賭博都指定要吃用領地名字命名的「三明治」。人類為了偷懶發明了不少好吃又厲害的東西，我曾經因為懶得洗碗和餐具，把煮好的飯放到裝了吃到一半的洋芋片保鮮盒裡搗碎再搖一搖混著吃，發現吃起來很像撒了蒜酥似的，酥脆又夠味，意外的超好吃，應該可以申請專利了吧！

鰹魚

—鰹（かつお）—

江戶人有一種狂熱叫做「初鰹（はつがつお）」，為了跟風吃到當季正新鮮的鰹魚，瘋狂程度幾乎是「在蚊子猖狂的季節把買蚊帳的錢拿去買鰹魚」、「大雜院媽媽們湊錢團購也要買到鰹魚」甚至是「把老婆小孩拿到當鋪當掉也要買到鰹魚」。

到底是多好吃讓江戶人這麼瘋癲，食物營養學博士大久保洋子在《江戶的食空間》一書中說到江戶人進入文化、文政年間，從原本花大錢在穿著時尚上慢慢轉移目標到打造各地名產上，獲得名產的人會向親朋好友街坊鄰居炫富，大家覺得好珍貴好新奇好厲害，更加促成各地名物美食的發展，人類這種生物開始對砸錢在美食上毫不手軟，引發了江戶特有的怪奇現象「初鰹之亂」。

一尾初鰹據說在當時販售兩、三兩，換算下來約是現在十二至十八萬日圓左右，庶民捧著錢也不一定買得到。最初的一批會先進貢給將軍，接著是高級料亭和超級有錢人搶著買，流通到市場上的鰹魚所剩無幾甚至也沒那麼新鮮，但是那可是初鰹耶，管他新不新鮮，問就是買，反正吃完就算拉肚子至少還保有面子。

江戶人也不只有瘋初鰹，他們追逐任何當季最新鮮的食材，就像有張知名梗圖「飛出個未來」中主角拿著大把鈔票說：「閉嘴！拿走我的錢！(Shut up and take my money)」江戶人對「初物」就是這麼執著。後來幕府終於插手取締過度哄抬價格的初物，初鰹之亂才慢慢平息。

鰹魚的日文音似「勝男」，聽起來很吉祥如意，戰國時代時也會送柴魚乾（鰹節）給即將上戰場的武士祈求武運亨通，鰹節也音似日文「勝男武士」，是當時出征送禮的最佳選擇。鰹節是一種利用煮熟鰹魚乾燥而成的加工食品，可以保存較久，所以戰場上的武士們也會放一點在身上，飢餓的時候拿出鰹節嚼一嚼補充體力。

把鰹節刨成一片一片之後就會變成在章魚燒、大阪燒上翩翩起舞的柴魚片，光視覺上就非常誘人，就像把熱氣具象化一樣，令人食指大動，我也很喜歡柴魚片。不過如果要在自家廚房料理各式燒類，一想到事後要洗多少碗就覺得心累，想要吃添加柴魚片的簡單料理，我喜歡「貓飯」。第一次知道貓飯是看了安倍夜郎的漫畫《深夜食堂》，這是一本沒辦法在半夜看的漫畫，原本你還在翻書、下一秒就變成翻冰箱，看一篇餓一次，非常可怕。

江戶時代中後期曾經因為糧食缺乏，貧困的庶民只能用廚房現有的食材簡單料理食物止飢，有別於初鰹的昂貴奢華，貓飯的誕生其實只是便宜方便。貓飯的作法很簡單，一碗熱騰騰的白飯，撒上柴魚片和一些醬油就算完成，講究一點的人可以加一些鹽昆布調味。有趣的是加入柴魚片和醬油的貓飯普遍是關東版本，關西版貓飯則是把飯拌入味噌湯，不管是哪種吃法都很好吃喔！

一品料理（いっぴんりょうり）

第三章

單點料理

燒賣

——焼売（しゅうまい）——

清朝末年，史上最年輕特級廚師小當家劉昴星有云：「沒有完成的料理，沒有試吃的必要。」從小熱愛看《中華一番！》，長大後把動畫馬拉松連播當作背景音樂的我，仍然記得小當家師傅的這席教悔。每每看到未完成的料理，雖然身為照吃不誤的吃貨，但還是必須以名句吐嘈一番才開動。

各位閒在家裡做宇宙大燒賣的時候，請務必把豬的每個部位，例如豬腿、豬里肌、豬頭皮和豬腰子包進燒賣皮，再放進爸爸拿來泡澡的檜木桶裡，先用炭火烤過讓中心熟透再拿去蒸，也記得要先請爸爸從檜木桶裡出來，以免發生會上社會新聞的慘劇。你心裡默默複習小當家特製宇宙大燒賣的步驟，此時，卻發現了一個小當家的大疏失。

平時只會嗆李嚴的醬汁，自己卻忘記燒賣上那顆標誌性點綴色彩的青豆，你以為可以名正言順的引用金句，但小當家沒有放青豆的宇宙大燒賣，真的是未完成的料理嗎？對燒賣的刻板印象中，頂端都會有顆青豆對吧？把那顆在台灣被喻為便當配菜屆害群之馬——三色豆之一的青豆放在燒賣上據傳起源於日本。不過，一八九九年橫濱中華料理店「博雅亭」率先販售燒賣時其實還沒有放上那顆評價兩極的青豆。

一九五四年，日本政府實施提供學校營養午餐給學生的「學校給食法」，但是普遍學生的評價都覺得蠻難吃，營養午餐時間總是氣氛低靡。負責菜單的工作人員為了可以增加學生吃學校營養午餐的樂趣，拼了命開始一連串的試行錯誤（梅）。

他看著燒賣，燒賣也回望著他。他聯想到聖誕節時小朋友都很期待吃到草莓鮮奶油蛋糕，尤其是雪白的奶油上點綴紅色的草莓，既有聖誕節氣氛、亮麗的聖誕節配色又能引發食慾。在平淡無奇的燒賣上放上一顆紐西蘭進口的青豆，好像青豆就是草莓、燒賣就是蛋糕，長得有八成七像，配色也相當亮眼。據傳當時紐西蘭進口的青豆比日本國產的青豆還要甜，學生吃了放上青豆的燒賣，某種程度就像在吃聖誕節的草莓鮮奶油蛋糕吧。雖然乍看之下合理、仔細思索根本是歪理，沒想到紐西蘭青豆放上燒賣後，真的大受學生好評。這次的試行成功，讓青豆開始被廣泛運用在各種餐點中增加色澤、引發食慾。

幼稚園時期就憎恨青豆的我，曾因為把營養午餐的青豆挑出來，被老師發現後

（梅）試行錯誤（しこうさくご）　意為反覆試驗，在錯誤中找出最合適的解決方法。

在午休時間拿著青豆在校門口罰站，導致我對青豆的恨意無以復加。青豆的定位本身就太過喜好分明，日本各家燒賣業者也知道顧客對青豆有不同的喜好，便自行決定要不要在燒賣上放青豆，沒有青豆的燒賣也就開始出現在市面上。

縱使燒賣上的青豆源自於草莓鮮奶油蛋糕上的草莓，但時至今日青豆也並非燒賣的標準配備了，沒有放上青豆的燒賣，已經不能稱為未完成的料理了。順帶一提，日本燒賣名店「崎陽軒」推出直徑十一點五公分、高十公分的超大型燒賣。用刀子切開後，裡面有二十二顆小燒賣。雖然沒有宇宙大燒賣那麼大，但至少不會在製作完燒賣後發現爸爸還在檜木桶裡，各位不妨考慮看看！

炸豬排

─豚カツ─

炸豬排、咖哩飯和可樂餅並稱日本三大洋食。如第四章麵飯菜單中的「蛋包飯」篇（P.〇九六）簡略講到一八九五年開業的東京銀座「煉瓦亭」，除了是傳說中的蛋包飯元祖店，也是炸豬排創始店，至今在競爭激烈的銀座仍是屹立不搖，許多人在營業前排起隊伍只為了品嘗一百多年老字號洋食屋的元祖滋味，體驗西洋傳入的食物轉變成日式洋食的歷史時刻。

最一開始煉瓦亭的炸豬排原本不是炸豬排，而是炸小牛排，調理方法也和現在完全不同。現代熟知的炸豬排作法是先以鹽、胡椒調味，沾麵粉和蛋液後裹上厚厚的麵包粉再拿去炸得酥酥脆脆。最初的炸小牛排則是在平底鍋中用蓋過肉片的油量又煎又炸後，再加上奶油，油上加油的吃法據說讓當時飲食習慣較清淡的日本人吃不慣，於是店主參考天婦羅的製法，也因為豬排比小牛排平價又容易取得，進而才成為現在大家熟悉的炸豬排。

每個人的口味不一樣，我自己覺得元祖是種精神與情懷，不代表最好吃。朝聖過百年老店煉瓦亭，分享一下我在銀座的蛋包飯愛店和炸豬排愛店，蛋包飯是間可愛復古的喫茶店「喫茶Ｙｏｕ」；豬排店則是獲得必比登推薦的「銀座かつかみ」。

月底只能吃土但又想吃炸豬排的時候當然無法直上「銀座かつかみ」，很多連鎖平價豬排店都有高麗菜絲、白飯和味噌湯無限續碗的服務，我一邊吃著堆積如山的高麗菜絲，腦海一邊浮現「到底為什麼炸豬排的定番配菜都是高麗菜絲」的這個疑問。說到高麗菜絲又得把話題繞回煉瓦亭了，因為炸豬排定番的高麗菜絲也誕生於煉瓦亭。難不成煉瓦亭創始人木田元次郎是未來人，才有這麼多元祖稱號，就像我也思考過哪天可以穿梭回古代，我要發明手機、寫《哈利波特》、創作麥克傑克森所有經典歌曲，當眾多知名文化的始祖以此來賺大錢，我是一個充滿慾念的人類。

煉瓦亭最早開始販賣炸豬排時還沒有附上高麗菜絲，當時的日本人不習慣吃生菜，所以用西洋排餐常見的馬鈴薯、紅蘿蔔或水煮高麗菜等溫野菜擺飾。

一九〇四年時日俄戰爭開打，年輕的廚師都被徵召入伍，廚房嚴重人力不足，木田元次郎想盡辦法減少廚房作業，他想到可以將高麗菜醃一個晚上做成一夜漬，這樣生食也好吃、又可以提前準備好。

只是供應切成片狀的高麗菜時，顧客反映口感不佳，於是改良切法，把高麗菜絲切得更細，吃起來除了和豬排的醬汁相得益彰，口感也清爽，大獲好評，結果愈來愈多店家也學著用高麗菜絲配炸豬排，兩者的關係就像臭豆腐要配泡菜一樣是缺一不可的好夥伴。

喫茶You

㊟ 東京都中央区銀座4-13-17高野ビル1F・2F
電 03-6226-0482
營 11:00-16:30
IG kissa_you

銀座かつかみ

㊟ 東京都中央区銀座5-6-10ミヤコビル5F
電 03-6263-8720
營 11:30-14:00 18:00-20:00
網 katsukami.com（網站可訂位，中英文介面）

天婦羅

——天麩羅（てんぷら）——

如果哪一天變成超有名的人，吃壞肚子腹痛老半天這種私事都可能被流傳後世百年，例如德川家康據傳吃太多油炸鯛魚片導致腹痛如絞。油炸鯛魚片被視為天婦羅的祖先，四百年後只要介紹到天婦羅，就一定要拿這件事情來說嘴，當然本書也不例外。

德川家康究竟是因為油炸鯛魚片無情的捉弄，還是貪婪的油炸鯛魚片在他肚子裡作祟，又或是油炸鯛魚片的因果循環？就讓我們繼續看下去。

傳說京都茶商前去拜訪德川家康時，帶了當時京都非常盛行的料理油炸鯛魚片，也就是天婦羅的前身。不像現在的天婦羅是裹麵衣炸，德川家康吃到的應該只是單純的油炸鯛魚片再撒上一些韭菜。

依照我的至理名言「食物拿去炸之後都會變得很好吃」，相信德川家康也這麼認為，他一個吃不夠、甚至不只吃兩個，吃到肚子痛的德川家康在廁所裡眉頭一皺，覺得案情不單純。一月底吃了油炸鯛魚片的德川家康在四月十七日逝世，油炸鯛

魚片在這件案子裡到底是直接殺人的真凶還是間接殺人的幫兇，成為世紀之謎。

有一次我前往東京吃米其林二星的「天婦羅近藤（てんぷら近藤）」，店內高級的氛圍和細緻的服務讓我深深感受到錢錢流失的快感。原本是要訂傳說中的天婦羅之神「美川是山居（みがわ是山居）」，無奈我去的日子只剩下包廂座位。既然都花一樣的錢，吃天婦羅當然要搶師傅面前的吧台座位，聆聽天婦羅在滾燙油鍋裡滋滋作響的聲音，如果好吃是一種聲音，炸天婦羅應該可以出一張專輯。

也因為這個原因，天婦羅的吧台座位，尤其是離師傅最近的位置總是最先被預訂，講究的天婦羅專賣店也不會播放背景音樂，為的就是讓顧客可以五感沉浸在天婦羅裡。雖然這一餐幾乎是我幾天的住宿費，但是對不起了錢錢，我真的需要那些出自名師之手的酷炫天婦羅。

曾幾何時天婦羅變成如此昂貴又高級，曾經在江戶時代的浮世繪裡，天婦羅就和壽司一樣都是路邊攤販，因為油炸容易引起火災，比起固定的店面，攤販的形式比較適合天婦羅的調理方式。把一串串炸好的天婦羅疊得高高的放在籃子裡，桌邊擺沾醬和堆成小山丘狀的白蘿蔔泥，路過的客人聞香就會點個幾隻，一串只要四文錢，有點像是台灣的鹽酥雞攤。

客人拿著成串的天婦羅搭配去油解膩的白蘿蔔泥在路邊吃，有時天婦羅攤隔壁還會有商人刻意開蕎麥麵店，買完天婦羅後再去點一碗蕎麥麵，把天婦羅放在蕎麥麵上變成跨界聯名。

就像本書「壽司」篇（P.〇四七）提到名店松壽司的出現讓壽司界為之一變，壽司的價格水漲船高。天婦羅界也出現「吉兵衛」，讓天婦羅的售價大翻身，據傳吉兵衛用了更高級的食材、當季鮮魚和更好的麻油，將天婦羅從庶民料理搖身一變成為高級料理。

順帶一提，麥當勞的熱銷商品麥克雞塊據說也有參考天婦羅的製作方法，依照麥克雞塊的好吃程度以及我愛恨分明的喜好，麥克雞塊和舊沾醬的搭配在我心中早已奪得米其林。不管是壽司還是天婦羅，這兩種原本都是銅板平價美食，後來魚躍龍門成高檔餐點。不禁想到未來哪一天鹽酥雞會不會也能出頭天，一串雞心四十元在百年後變成四千元。想到這裡，我決定要去巷口買鹽酥雞壓壓驚！

てんぷら近藤（天婦羅近藤）

㊟ 東京都中央区銀座5-5-13坂口ビル9F
電 03-5568-0923
網 tempura-kondo.com

みがわ是山居（美川是山居）

㊟ 東京都江東区福住1-3-1
電 03-3643-8383
網 mikawa-zezankyo.jimdofree.com
（網站可訂位，中英文介面）

涮涮鍋

—しゃぶしゃぶ—

小時候我家樓下開了一間涮涮鍋店，因為店內構造是客人沿著圓形的吧台坐成一圈，遠遠經過玻璃櫥窗往裡面看，就像所有人圍著同一個超大鍋子吃的樣子。還在幼稚園時期的我大概有一年左右的時間一直以為涮涮鍋真的是一個巨無霸大鍋子，客人圍成一圈搶肉。

之後媽媽帶我去吃涮涮鍋，我才發現圓形吧台中間不是鍋子，而是店員處理食材的地方，每個人有一個專屬的小火鍋，根本不用和別人搶肉。我把我誤會涮涮鍋的事情告訴我媽，她說一開始是大鍋子沒錯，後來有小孩因為不聽話掉進鍋子裡，他們才把鍋子撤掉，改成小鍋。還好我早就看穿這是我媽要我乖乖聽話的伎倆，但還是對沒有看到巨無霸鍋子這件事情感到有點遺憾。

涮涮鍋的起源有一說是蒙古的涮羊肉改良成日本人喜好的口味，也有人說是利用水或高湯熬煮的水炊料理的變化版。一九三五年日本三重縣龜山市的料亭提供了水炊肉，一九四五年京都祇園料理店「十二段家」店主西垣光温透過鳥取縣的醫師斜槓民藝運動家吉田璋也（よしだしょうや）得知北平涮羊肉的作法，不過當時羊肉較難取得，西垣光温將羊肉改成牛肉，並利用日本人喜愛的胡麻醬料調味，最後涮涮鍋的始祖「水炊牛肉」誕生。

涮涮鍋，日文叫做しゃぶしゃぶ，唸起來非常可愛又動態，從水炊牛肉變成しゃぶしゃぶ，則是一九五二年大阪的肉料理洋食店「末廣（すえひろ）」發祥。當時的店主三宅忠一在想有沒有什麼不錯的料理名可以取代直白的「水炊牛肉」，他想了很久一直沒有靈感。

某一天，三宅忠一聽到店員在廚房洗毛巾的聲音，「涮涮（しゃぶしゃぶ）」的聲音傳入耳裡，就好像肉片在湯裡晃動的聲音，他覺得很有趣，就把水炊牛肉鍋取名為涮涮鍋（しゃぶしゃぶ）。在當時聽都沒聽過的涮涮鍋（しゃぶしゃぶ）名字好記又有趣，顧客看到菜單上的名稱常常笑出來，不過正因為記憶點高，才開始變成眾所皆知的料理名稱。一九五五年，三宅忠一甚至將「末廣的涮涮鍋」和「肉的涮涮鍋」等名字申請專利。

會用聲音來命名，會不會和大阪人喜歡狀聲詞或擬聲擬態語有關呢？我的和服老師是非常有魄力的大阪女性，她在教學生如何穿和服時，都會用大量的擬聲擬態詞來表示，例如「把這條帶咻～的穿過去」、「這一片要呼～的蓋上去」，用聲音的方式記憶，有時候真的比較容易記得呢。就算不是學怎麼穿和服，向大阪人問路時他們也很常回答你這條路先「嘎」的直走後、「咻」的右轉、再「啾」的進去就到了，走路時想起這些嘎、咻、啾，就算聽不懂日文還是可以利用大阪人浮誇的語調和手勢順利抵達目的地。

十二段家

住 京都府京都市東山区祇園町南側570-128
電 075-561-0213
營 11:30-13:30　17:00-20:00　週四公休
junidanya_honten

末廣（スエヒロ）本店

住 大阪府大阪市北区曾根崎新地1-11-11
營 11:30-13:30　17:00-21:00　週六、日公休
網 www.e-suehiro.com

御好燒

お好(この)み焼(や)き

御好燒是一種用鐵板製作的粉物料理，常見的御好燒會在小麥粉加水做成的質地裡加進雞蛋、高麗菜、肉、海鮮或是麵條，在鐵板上煎好後表面噴射大量美乃滋、沾醬、海苔粉等調味料。

有人說御好燒的祖先是在平均身高大約一百五十公分左右的安土桃山時代，由身高一百八十公分的泡茶巨人千利休做出的麩燒而來。千利休是茶道宗師，幫許多大人物舉辦過多場茶會，雖然最後惹毛豐臣秀吉被下令切腹，這又是另一個故事了。

在記載千利休茶會內容的《利休百會記》中，八十八次茶會中有六十八次出現一種名叫麩燒（麩の焼き）的茶點。麩燒是將小麥粉溶於水後，鋪在鐵板上燒成薄薄的一片餅皮，並在上方抹味噌、山椒、砂糖、罌粟籽，捲起來做成像春捲形狀的和菓子，聽起來比較像可麗餅，因此也有人說麩燒不算直接和御好燒有關聯，只能算是鐵板粉物料理的起源。

進入江戸時代，又發展出用麩燒夾入紅豆餡的助惣燒（助惣焼），據說是現代銅鑼燒的始祖，在江戸時代大為盛行。隨著時代演進，出現深受小朋友喜愛、可以在鐵板上煎成任意文字形狀的「文字燒」，文字燒比起御好燒，在比例上水的成分多了一些，成品也會比御好燒來得酥脆。以及取名相當可愛，據傳是以屋台太鼓聲或製作時敲打的咚咚聲為名的「咚咚燒（どんどん焼き）」，咚咚燒做成方便捲著吃帶走，對小朋友來說也是剛剛好飽足感的尺寸。在日本各地都有不同形狀的咚咚燒，例如山形縣做成方形、仙台地區則是像熱狗一樣的形狀，比起要在座位上享用的御好燒或文字燒，咚咚燒多了隨點隨吃的便利性。

至於御好燒的日文お好み焼き的由來據說是東京花街的包廂內，客人可以按照自己喜好（好み）的食材在鐵板上燒烤才得名。

說到御好燒就會聯想到兩大派系「大阪燒」和「廣島燒」，廣島縣民如果聽到自家的廣島燒被說成「廣島風味御好燒」聽說就會眉頭一皺；大阪人聽到「大阪風味御好燒」也會拳頭一握。雖然在台灣直接翻成「大阪燒」和「廣島燒」，但廣島的御好燒就是正統御好燒、大阪的御好燒也是正統的御好燒，冠上「風味」兩個字就像致敬一樣，想必淡水魚酥老店也不喜歡自家魚酥被說是淡水風味魚酥或是台南道地牛肉湯卻被說是台南風味牛肉湯吧，因此在廣島當地或是關西，也都是說「御好燒

（お好み焼き）」，而非「廣島燒」或是「大阪燒」。

大阪燒和廣島燒在視覺上可立刻區分的差異應該就是炒麵了。一九四五年八月在廣島、長崎悲劇性的原子彈爆炸造成無數人傷亡，戰爭造成嚴重食糧短缺，為了讓身心靈俱疲的大家吃得飽，就以粉物料理為基底，加入用小麥粉製作而成的麵條增添飽足感，被視為廣島燒有炒麵的起源。

大阪燒和廣島燒除了炒麵的差異，在製作方法上也不太一樣。大阪燒會先在碗中把所有材料攪拌均勻，所有材料「唰」地舖上鐵板，再隨個人喜好放上肉片或海鮮，整體一氣呵成，很有關西人的風範。

廣島燒則是一個食材一個食材層層堆疊，先在鐵板上做出餅皮、放上大量高麗菜絲、豆芽菜、肉片再鋪上炒麵，最後也可以加顆蛋。像千層派一樣一層一層疊起來反覆煎的廣島燒作法和一次混入所有食材的大阪燒作法完全不同，口感吃起來也很不一樣，甚至大阪燒的醬料偏辛口，廣島燒醬料偏甘口，兩者各有千秋。

除了使用的食材和製作方法不同，御好燒的切法根據地區也不盡相同。切御好燒的方式大致分為像切披薩一樣的放射狀切法，以及橫豎切的格子狀切法。

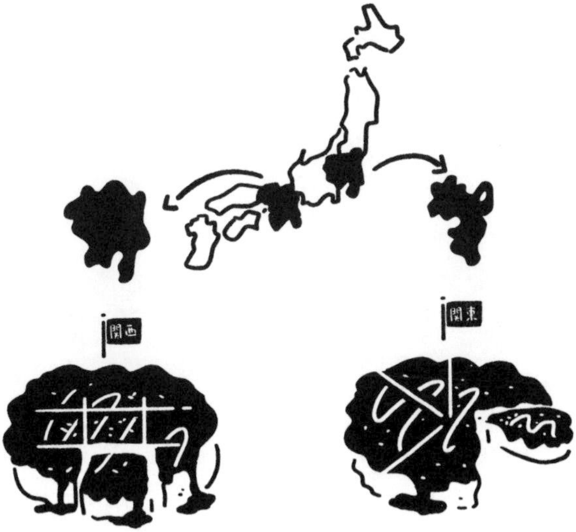

根據統計，關東地區的人喜歡披薩切法，關西地區則是格子切法。關東人覺得把御好燒切成披薩的方式可以均等分給所有人，非常公平。但愛吐槽的關西人則認為御好燒就是御好燒、不是披薩、也不是稿紙，更不是綠豆糕，更何況御好燒就是一人一份，哪需要平等的分給所有人，因此認為御好燒用披薩切法根本是歪理，格子切才是正統切法。

不知道各位身邊有沒有一種朋友，他對食物的料理方式非常執著和堅持，特別是在食材非常多元的火鍋上，每一種食材放入鍋中的先後順序、煮的秒數、加的調味料等等都異常的堅持，堅持到令人煩躁卻又不得不敬佩他的程度，在日文中稱呼這樣的人為「鍋奉行（なべぶぎょう）」。我有一位大阪朋友除了是鍋奉行，也是「御好燒奉行」，對材料本身的堅持以外，最後美乃滋和海苔粉的構圖彷彿就像藝術品一樣精緻，總之在他面前是絕對不能把御好燒切成披薩狀，好友名單會被除籍的！

漢堡排

—ハンバーグ—

日本排隊漢堡排名店「挽肉と米」也插旗台灣了，毫不意外台灣店也是排到天荒地老。讓我想起日本打工度假那一年，為了激勵自己要努力打工、不能只顧著玩所以只帶了七萬日圓出發，付完房子的租金、保證金後就面臨破產，甚至抵達日本的第一天還不小心坐壞自己的眼鏡，只好再急忙拿出快見底的錢包倒出幾張珍貴的鈔票配眼鏡。要等到下個月領薪水才有辦法生存的我，這時候耳邊響起日本綜藝節目「黃金傳說」用一萬日圓過一個月的經典配樂，陪我度過在日本第一個窮困月份的就是「黃金傳說的音樂」和「漢堡排」。

當時打工度假的第一站是大阪，在大阪號稱「天天都便宜」的玉出超市是我的好朋友，常常可以在玉出超市挖到超級便宜的牛豬絞肉、豆腐和蔬菜，有時候甚至買超過一千日圓可以用一圓加購烏龍麵。

在台灣幾乎不下廚的我，要運用區區幾張千圓鈔票度過兩三週是絕對不能考慮外食的，因此，我查到漢堡排的製作方式簡單，一次可以做很多、多的還能冰冷凍庫保存，做一批漢堡排至少可以吃一個星期。

如果嫌製作漢堡排的絞肉太貴，可以加入較便宜的豆腐或吐司增加份量，總之我在日本做的第一批「防止自己被餓死」的食物就是漢堡排，做了八顆花不到三百日圓，既好吃又很有成就感。

漢堡排的起源據傳是法國菜碎生肉料理「韃靼（ㄉㄚˊ ㄉㄚˊ）牛肉」，傳到德國後，德國人把它煎熟後，在工人之間大為流行，所以用德國工業重鎮「漢堡」為這道菜命名。不過，不知從哪時候傳到日本，突然變成日本人餐桌上經常出現的家常菜，甚至逐步進化成日本獨有的漢堡排定食，深受日本人愛戴。

漢堡排最早出現在日本人的餐桌，是在一八八二年日本第一家料理學校「赤堀割烹教場」的開校儀式上，主要以牛絞肉加入小麥粉煎製、最後淋上番茄醬的「德式牛排」。至於提供給一般庶民的最早紀錄則是一九〇二年香川縣的讚岐鐵道為了增加話題性，在供應餐點的鐵路餐車中加入當時罕見的德國肉排，也就是漢堡排的前身。

原本被稱為德式牛排、德國肉丸、德國肉排等名稱的漢堡排，因為大正時代至昭和年間洋食逐漸在日本普及，一些食譜上開始出現漢堡排（ハンバーグステーキ）的名稱。鮮少吃牛肉的日本人在製作時也改加入豬絞肉取代牛肉，甚至也出現過鯨魚肉和鮪魚肉的漢堡排。

進入高度經濟發展的一九六〇年代，日本主婦想要打造豪華晚餐，但畢竟還是有主婦心態，就用高價的牛肉加一些較便宜的豬肉變成牛豬混和絞肉漢堡排。加上即食包裝漢堡排的推出，讓漢堡排在全日本大為流行，調味從原本的番茄醬改成日式醬油，名稱也簡略變成ハンバーグ。又一個原本是洋食，但是被日本人改造後發揚光大的食物誕生了。

我在料理漢堡排時除了製作時真的很黏手、食材又很冰有點痛苦以外，對於怎麼判斷漢堡排的中心是否已經熟透也很困擾。我想起日本有一些餐廳主打外熟內生的生肉漢堡排，外觀煎得又焦又香、一切開卻是紅通通的生肉，雖然處理好的話會很嫩很好吃，但是我不相信自己的手藝和便宜超市的生肉新鮮度，為了身體健康，我決定把生肉漢堡排當作侏儸紀世界的恐龍，它可以存在，但是最好不要接近我。

挽肉と米 渋谷店

㊟ 東京都渋谷区道玄坂2-28-1 椎津ビル3F
㊫ 03-6455-2959
㊧ 11:00-21:00 每月第一和第三個週三公休
hikiniku.to.come

極味や 渋谷 PARCO店

㊟ 東京都渋谷区宇田川町15-1 渋谷 PARCO B1F
㊫ 03-5422-3122
㊧ 11:30-23:00
kiwamiya_shibuya

ご飯・麺料理

第四章

麵飯料理

惡魔的飯糰

—悪魔おにぎり—

日本的飯糰推測遠從西元前三世紀左右就出現了，在石川縣中能登町的杉谷茶畑遺跡中挖出了粽子形狀的古老飯糰化石，可能是作為供奉神明的食物才一直沒被吃掉保存至今。千年飯糰化石的學術名稱叫做粽狀碳化米塊，三角形的形狀應該也能算是三角飯糰的始祖吧。作為便利商店定番食物的飯糰雖然不斷推出新口味，不過在多次日本飯糰口味的市調中，鮭魚和鮪魚美乃滋兩者可說是王者中的王者，雖然我也愛這兩個口味，但這次想和大家介紹的是「惡魔的飯糰」。

「炸物的油渣屑屑是精華」這句話我不容許有人反對。吃鹽酥雞、天婦羅等炸物時，我最愛的就是撿袋子裡的油渣屑屑吃，某連鎖製麵也有提供油渣屑屑讓顧客加到烏龍麵裡變成狸貓烏龍麵。完全不管健康與否，只要看到油渣屑屑，我一律吃到爆。

製作天婦羅產生的油渣屑屑美稱天婦羅花（天かす），日本便利商店 Lawson 曾經推出一款熱賣商品就是加入天婦羅花、天婦羅醬汁和海苔粉捏成的「惡魔的飯糰」。惡魔的飯糰一推出就打敗 Lawson 萬年人氣口味鮪魚美乃滋，販售第一年據傳就賣出五千六百萬個，更厲害的是，惡魔的飯糰其實誕生於南極。

日本電影《南極料理人》和日劇《機智南極料理生活》是同一個故事的不同版本，描述南極地域觀測隊員生活在沒有餐廳和超市的南極進行研究時，透過料理擔當的視角看每一天如何「吃」的故事，兩部都非常好看。

惡魔的飯糰就是第五十七次南極地域觀測隊料理擔當渡貫淳子所構想出來的天才點子。在科技的進步與前人的努力之下，南極昭和基地裡的生活和日本的生活沒有太大的不同，據渡貫淳子在著作《惡魔的飯糰誕生秘話（悪魔のおにぎり誕生秘話）》所提到，其中最不一樣的就屬垃圾處理。在南極產生的垃圾都要帶回日本處置，也因此身為料理擔當的渡貫淳子必須減少製作餐點時產生的廚餘。

渡貫淳子會將當天製作午晚餐時剩餘的食材捏成飯糰當作宵夜，讓隊員們不餓肚子、隨時補充體力，同時也能減少食物浪費。某一天的午餐做了天婦羅烏龍麵，渡貫淳子看著剩餘的天婦羅花和天婦羅醬汁，想到有撒天婦羅花的狸貓烏龍麵，那把天婦羅花加在飯糰裡變成狸貓飯糰吧！

加了天婦羅花和天婦羅醬汁以及海苔粉增色的飯糰讓其中一名南極地域觀測隊員說出如美食評論家的感想：「在這個時間吃加了天婦羅花的高熱量飯糰真的好嗎？不過太好吃了，好想吃啊。經過一番掙扎還是輸給了背德感的誘惑，根本就是惡魔的飯糰。」天婦羅花的熱量極高又能提供驚為天人的口感和美味，「惡魔的飯糰」成為在南極的無數飯糰宵夜中唯一被命名的一道料理。可惜現在 Lawson 已經沒有繼續販賣惡魔的飯糰，但是惡魔的飯糰材料簡單，自己在家也能輕易做出如惡魔般的誘惑。以下提供渡貫淳子在《惡魔的飯糰誕生秘話》中的食譜，充滿罪惡感的熱量不能只有我吃掉！

惡魔的飯糰

材料

飯	一合份
天婦羅花	四大匙
海苔粉	一小匙
天婦羅醬汁	兩大匙

天婦羅醬汁作法

醬油	兩大匙
味醂	兩大匙
砂糖	一小匙
高湯粉（だしの素）	少許

作法

① 將天婦羅醬汁的材料放入鍋中開火，溶解砂糖和高湯粉。
② 混合白飯和天婦羅醬汁。
③ 加入天婦羅花和海苔粉，捏成自己喜歡的大小即可。

蛋包飯

—オムライス—

二〇一六年我在日本打工度假時，發瘋似的一天最多兼四份工作，上午藥妝店、中午家教和房務清掃，晚上拉麵店或燒肉店。為了激勵自己不要怠惰只顧著玩樂，我只帶少少能付房租和押金以及大約一個月的生活費就到日本，預計在打工度假的下半年環日一周，因此前期拚了命的打工。

打工期間我最喜愛的日子是發薪日以及吃員工餐的每一天。回憶起過去吃到最好吃的員工餐，就是高級燒肉店的員工餐，為了員工餐我願意一週七天都排燒肉店的班。我打工的燒肉店廚師會用提供給客人後切下來剩餘的肉拌大蒜和奶油做成牛肉炒飯給我們吃，光是奶油和蒜味的香氣我就可以吃下好幾碗白飯，每次上班最期待的就是聞到這個香味。牛肉炒飯是我們員工的福利，如果真的放在菜單上一定會變成人氣料理。

同樣從員工餐變成日本代表性國民人氣美食之一的就是蛋包飯了，據傳蛋包飯起源店是位在東京銀座的煉瓦亭，厲害的是煉瓦亭同時也是炸豬排始祖店。

傳說在一九〇〇年，員工們在廚房裡忙碌著，但也必須填飽肚子，所以廚房做了將蛋液、肉、洋蔥和白飯一起炒出來的員工餐，因為所有食材都炒在一起，用一根湯匙就可以吃，不需要拿筷子夾，員工便可以用一隻手甩鍋下廚、另一隻手拿湯匙吃飯，很方便。

結果前來用餐的客人看到這樣的吃法也覺得心動，就向廚房點了員工餐吃，後來因為太好吃，也愈來愈多客人點這道料理，一根湯匙就能吃的員工餐正式以「飯歐姆蛋（ライスオムレツ）」之名出現在煉瓦亭的菜單上。

精明的你應該也發現煉瓦亭提供的飯歐姆蛋和現在蛋包飯的形象不太一樣，若不是形狀都是橢圓山丘狀，根本就只是普通的蛋炒飯吧。

二十年後，大阪的洋食屋北極星（當時的店名為パンヤの食堂）為了一位腸胃不好、每次來店只點歐姆蛋和白飯的客人改變料理方式，店主北橋茂男將洋蔥、番茄醬和白飯炒過後，上層再鋪上一層薄薄的蛋皮，大家熟悉的「蛋包飯」就此誕生。

至於現在常在社交軟體上看到，在飯上放歐姆蛋後用刀子切開，讓半熟的

蛋汁包覆白飯的形式又稱為「蒲公英蛋包飯（タンポポオムライス）」，則是東京一九三一年開業的老舖泰明軒（たいめいけん）和已故名導演伊丹十三發祥。

熱愛蛋包飯的伊丹十三導演在拍攝電影《蒲公英》時前往泰明軒取景，伊丹十三想出將半熟歐姆蛋放在飯上，再切開蛋享用的方式。電影上映後，許多觀眾都被業配到，很想吃吃看電影裡面出現的蛋包飯，於是泰明軒便將此蛋包飯放入菜單，取名為「蒲公英蛋包飯，伊丹十三風」。

不得不說將蒲公英蛋包飯像布丁一樣搖搖晃晃的半熟歐姆蛋一切開，蛋皮和蛋液「唰」地覆蓋在飯上面的樣子真的很療癒，在社交軟體上頻繁出現，應該可以列為史上最上相的蛋包飯了吧！

煉瓦亭

㊟ 東京都中央区銀座3-5-16
㊋ 03-3561-3882
㊕ 11:15-14:30　16:40-20:30　週日公休
ⓘ ginzarengatei_official

たいめいけん（泰明軒）

㊟ 東京都中央区日本橋室町1-8-6
㊋ 03-3271-2463
㊕ 11:00-21:00（週日-20:00）　週一公休
㊙ taimeiken.co.jp

北極星 心斎橋本店

㊟ 大阪府大阪市中央区西心斎橋2-7-27
㊋ 06-6211-7829
㊕ 11:30-21:30
ⓘ hokkyokusei_official

義大利炒麵

—イタリアン—

每一次連鎖披薩店推出特殊口味，例如肉圓披薩、香菜豬血糕披薩之類台義混血口味，大家總是擔心會惹怒義大利人。我想到小時候我媽媽幫我帶便當，也曾出現過台灣義大利混搭組合。

國小時期在期待已久的午餐時間一打開便當盒，映入眼簾的居然是肉醬義大利麵配上台式水餃，白色的水餃點綴在紅色肉醬上，擺盤精緻、口味合宜，長大之後才知道原來義大利有種傳統食物叫做義大利餃，口味上的確不違和，不過對年幼的我而言，便當盒裡的異國文化在視覺上仍是衝擊。

義大利的披薩和義大利麵常常被拿出來翻玩，除了常見的台義混血，以米聞名的新潟縣也有個名物叫做義大利炒麵（イタリアン）。顧名思義就是將番茄肉醬淋在日式炒麵上，變成日本義大利混血兒，成為浸透新潟縣民的在地美食。

義大利炒麵的誕生要從明治時代時，新潟縣第一家由義大利人掌廚的義大利餐廳開始說起。一八七四年，法國馬戲團來日巡演，馬戲團的隨行義大利廚師皮埃特羅・米奧雷萊的腳不幸受了傷，被馬戲團丟包在日本。幸運的是皮埃特羅受到不少日本人照顧，被新潟當地的馬戲團聘任，當時的縣知事楠本正隆在得知皮埃特羅的故事後甚至出資讓他開一家牛肉鍋店。

可惜後來這間店受祝融之災，皮埃特羅正不知所措時，在街坊鄰居的鼓勵之下，皮埃特羅開了當時日本第一家正宗的西餐廳「義大利軒」，並利用日本當地的食材做出接近義大利本地的波隆那肉醬義大利麵，成為日本第一個提供肉醬義大利麵的店家。肉醬義大利麵開始和新潟縣產生緊密的關係，許多店家紛紛製作肉醬販售。

一九五九年，新潟縣喫茶店「三日月」的店主三日月晴三有一次到箱根參加講習，受邀到東京一家甜品店用餐，店主說大阪燒店販賣的炒麵賣得很好，所以他家的甜品店也跟進販賣炒麵。

三日月晴三的喫茶店其實主力商品也幾乎是以甜點為主，他思考要不要也跟風賣個炒麵，但是大家都在賣炒麵，不創新一點怎麼能贏過別人。所以他靈光一閃，就像某連鎖披薩店的口味構思天才一樣，三日月晴三也想到一秒惹怒義大利人的方法，那就是把義大利肉醬加在日式炒麵上！

義大利炒麵是用相較於義大利麵更粗一點的自製手打麵和高麗菜、豆芽加入特製番茄醬一起炒，最後撒上起司粉和白姜，要義式不義式、要日式不日式，長得一副炒麵的樣子，卻要假鬼假怪不用筷子而是用叉子吃。這麼新奇又創意的義大利炒麵深受在地人喜愛。來到新潟縣，除了吃米，不妨也吃吃看有一點像台灣早餐店鐵板麵的義大利炒麵吧！

碗子蕎麥麵

—わんこ蕎麦(そば)—

不知道大家是不是偶爾看大胃王節目，覺得桌上疊超高吃完的空碗看起來很強，可是偏偏你又是小鳥胃，連大麥克中間那層麵包都吃不下。小鳥胃也想體驗大胃王的爽感該怎麼辦呢？沒問題！碗子蕎麥麵可以讓你實現明明胃口嬌小卻又好像食量很大的錯覺。

岩手縣名物碗子蕎麥麵是將蕎麥麵以一口份量裝在小碗中，吃完碗中的麵如果不主動喊停，工作人員就會喊著「嗨、醬醬（はい、じゃんじゃん）」、「嗨、咚咚（はい、

どんどん）」用超快的速度再倒一球麵給你，讓你一邊顫抖地握著筷子，一邊緊張地看著工作人員，深怕錯過喊停的時機，蕎麥麵就會無限繁殖在你的碗裡。

據說碗子蕎麥麵已經有四百年以上的歷史，最廣為人知的起源說法為花卷起源說：南部家第二十七代當家南部利直某天要前往江戶，途中經過岩手縣花卷市想停下來公費觀光，肚子正好餓了走進某蕎麥麵店家吃點東西。

南部利直可是堂堂煞氣a陸奧國盛岡藩初代藩主，當天沒把專用的「藩主煞氣の碗」帶在身上，畢竟藩主和一般庶民用同一種碗實在是太對不起藩主高貴的身份了，加上也不知道藩主會不會喜歡花卷地區自製蕎麥麵的味道，店家就翻箱倒櫃找出店內看起來最高級、專門用來裝山珍海味的漆器碗，並嘗試性的放入小小口的蕎麥麵，先給南部利直試試味道。

沒想到南部利直太喜歡了，蕎麥麵一入口彷彿聽見仙女敲鑼打鼓彈琵琶，如此驚人的美味讓南部利直頻頻說好吃，用小小的漆碗續了好幾碗蕎麥麵。後來店家也向庶民提供南部利直尊爵不凡的吃法，碗子蕎麥麵因此變成岩手縣的著名美食。

一九五七年十二月開始舉辦碗子蕎麥麵大胃王比賽，還特別準備得像相撲比賽一樣，評審穿上大相撲比賽裁判員行司的裝扮，選手稱為「食士」、吃最多的稱為

「橫綱（よこづな）」。到了一九七六年正式將碗子蕎麥麵大胃王比賽正名為碗子蕎麥麵全日本大會，從原本地區性的活動推廣到全國，並在每年的二月十一日舉辦，因此也訂定這一天為碗子蕎麥麵記念日。

雖然近三年因為疫情的關係停止舉辦，但過往舉辦期間還是吸引不少人來挑戰，幾乎每場都有將近兩百位參賽者，今年（二〇二三年）的二月十一日碗子蕎麥麵全日本大會又再度復活。每碗碗子蕎麥麵約有十公克的麵量，限時五分鐘看誰可以吃最多，目前官網上記載的最高紀錄為五分鐘兩百五十八碗，至今還沒有被打破。歷屆也有兩名台灣大胃王千千和小慧分別以兩百二十六碗和兩百零八碗榮獲女性個人組第二名。

我再怎麼努力也吃不到兩百碗，記得六十幾碗後我就喪失記憶，望著空碗發呆懷疑人生。不過就算我們沒有去參賽，去一般的碗子蕎麥麵店用餐，依照店家不同，有些店家在客人達成一百碗後會給予小紀念品以茲紀念，看著桌面滿山滿谷的小碗，也是很有成就感呢！

蕎麥麵

—蕎麥（そば）—

有一種店明明專賣炸雞，但是做出來的蛋塔驚為天人，被譽為「被炸雞耽誤的蛋塔店」；也有一種店是披薩專賣店，副餐炸雞卻比其他專業炸雞店美味，也被稱為「被批薩耽誤的炸雞店」。

江戶時代有一間寺院叫做道光庵，庵主出生於以蕎麥聞名的信州，他做出來的蕎麥麵號稱全江戶最好吃，好吃到所有來道光庵的人都是為了吃蕎麥麵，而不是來參拜，導致他所在的本院稱往院下令寺廟境地內禁止販賣蕎麥麵。道光庵應該是名符其實的「被寺院耽誤的蕎麥麵店」！

雖然道光庵當時被勒令停業，但蕎麥麵店開業時還是取了「〇〇庵」當作致敬，想要沾沾道光庵生意興隆的光。其中「東向庵」、「東翁庵」、「紫紅庵」、「雪窗庵」據傳是庵號四先驅，愈來愈多蕎麥麵店也冠上庵號，這也是為什麼蕎麥麵店常常以「庵」作為店名的原因。

江戶四大美食分別是蕎麥麵、鰻魚、天婦羅和壽司，其中年代最久遠的就是蕎麥麵。蕎麥粉本身沒有黏性，很難搓揉成細長的麵條狀。最早是將蕎麥粉加水變成稠狀的湯、再進化成蕎麥粉捏成的糰子，隨著技術愈來愈進步，蕎麥麵條才終於在一六四三年出版的《料理物語》中被記載，推測大約此時蕎麥麵正式誕生。

在《料理物語》中提到蕎麥麵的料理方法是先燙再蒸，是因為很純的蕎麥粉製作出來的麵條沒有黏性容易斷裂，無法水煮，所以才改用汆燙、蒸熟的方式調理。你是不是立刻發現很多販賣蕎麥冷麵的店家都是用方形蒸籠盛裝蕎麥麵，其實就是古時候的主流方法，蒸完後直接上桌的模樣。

後來進展到水煮，蒸籠底部可以瀝乾水的特性也很適合蕎麥麵，用蒸籠裝蕎麥麵提供給客人的方法始終沒有改變。唯一改變的是因為物價上漲最常見到的縮量販賣，也就是小資族最痛恨的包裝不變、份量減半。在江戸時代也面臨一場可怕的儉約令，除了要人民不得奢侈以外，也要求各商店降價販售。

常聽到的二八蕎麥麵在以前有兩種說法，一種是蕎麥粉與麵粉的比例，另一種則是使用九九乘法標示售價的方法。會九九乘法表的人一聽就知道二八得十六，古時候一碗蕎麥麵賣十六文，但是當時政府要求蕎麥麵店調降成一碗十四文，中間經過一番紛紛擾擾，總之就是物價上揚，但是蕎麥麵店卻被要求減價，為求維生和利益，只好把提供給客人的蕎麥麵激減份量。

放在深深的蒸籠裡的麵在視覺上看起來就不多了，這次又因為成本關係減少將近一半的麵看起來又更少了。這時候當然不能忘記傳說中的遠近法，遠的東西看起來比較小，近的東西看起來比較大，據傳有店家利用了遠近法，將蒸籠的底部懸空、底盤往上很多很多，讓盛裝麵的平台離視野更近，客人自然會覺得麵沒有少太多。

「蕎麥麵蒸籠遠近法」除了影響其他蕎麥店家調整蒸籠底盤的位置，現在許多變相漲價的商品都參考了「蕎麥麵蒸籠遠近法」吧！例如把裝餅乾的塑膠盒做得很淺，原本一包可以裝二十片瞬間變成一包十片，吃完只剩下空虛呢！

スイーツ

第五章

甜點

草莓鮮奶油蛋糕

—ショートケーキ—

不知道各位是不是跟我一樣是亞洲胃，曾經我獨自在歐洲窮遊兩個月，到了第二週就已經吃膩由番茄、起司和澱粉構成的所有食物，偏偏那時候人在番茄、起司和澱粉的大本營——義大利。坐在教堂前看著滿街的鴿子，都變成居酒屋燒鳥或是夜市烤鳥蛋的形狀。

我太習慣也太熱愛亞洲食物，只好在義大利尋覓拉麵店和中式餐館，當我在異鄉吃到豚骨拉麵和麻婆豆腐時感動得一把鼻涕一把眼淚，應該不是因為麻婆豆腐太辣的關係。我一邊以眼淚鼻涕拌麵，一邊思考著正逢聖誕節，乾脆到街邊的麵包店買個草莓鮮奶油蛋糕應應景。

草莓鮮奶油蛋糕的日文為ショートケーキ，來自於英文的 Short cake，名字裡沒有草莓，但說到ショートケーキ，日本人的腦海裡大多會浮現裹著白色鮮奶油的海綿蛋糕，上層點綴一顆草莓的草莓鮮奶油蛋糕。

即使草莓鮮奶油蛋糕有著像外國人般的名字，但其實是一九二〇年代，由甜點業者門倉国輝（かどくらくにてる）從法國的甜點取得靈感，改良成適合日本人的口味。也有一說為不二家創始人藤井林右衛門從美國甜點改良而來。

總之不管是哪一種說法，草莓鮮奶油蛋糕的構思雖然來自於歐美的甜點，但是實際將其變化成現在大家所熟知的草莓鮮奶油蛋糕的卻是道地的日本人，也就註定我在義大利街角麵包店買不到心裡想像中的草莓鮮奶油蛋糕。

後來看著琳琅滿目的麵包架，禁不起誘惑買了一塊聖誕水果麵包，一走出店門就被佛羅倫斯十惡不赦的鴿子搶走，又是另一個悲催的故事了。「早知道就把你們做成烤鳥蛋！」我在心裡怒吼。

聖誕節時義大利有聖誕水果麵包（panettone），日本則是吃草莓鮮奶油蛋糕。據傳聖誕水果麵包起源於米蘭，某位貴族假裝是學徒想討糕點店師傅同時是岳父的歡心，聖誕節前夕，特別在手作的甜麵包上加入果乾點綴，意外造成人氣，後來就變成在聖誕節吃聖誕水果麵包的習慣。

在日本，聖誕節吃草莓鮮奶油蛋糕講白一點就是大人的算計、商人的陰謀！以愛過節日聞名的日本人不會放過過節的機會，商家更不會放過賺錢的商機。一九二二年，不二家開始販售草莓鮮奶油蛋糕，不過一直到冷藏技術完備、家家戶戶都有冰箱的一九五五年後，草莓鮮奶油蛋糕才逐漸普及。

當時不二家為了增加銷售量，狂推聖誕節搭配草莓鮮奶油蛋糕的販賣行銷策略，洗腦草莓鮮奶油蛋糕的配色與日本人喜歡的紅白二色以及聖誕老公公相呼應，才讓聖誕節吃草莓鮮奶油蛋糕成為一種定番習慣。

除了聖誕節還不夠，日本人訂定每個月的二十二日為草莓鮮奶油蛋糕日。在這一天走過路過蛋糕店，有很大的機率巧遇草莓鮮奶油蛋糕的促銷，魔法小卡不自覺地掏了出來，於是又中了商人的計謀。

草莓的日文「いちご」音似數字「1」和「5」，這時請發揮想像力，如果沒有想像力請打開月曆，月曆上的「15」代表草莓，「15」的正下方「22」便是放著草莓的蛋糕本體。運用一週七天的月曆特性，完美表達草莓點綴在奶油海綿蛋糕上的精髓。

同理沙拉醬日，蔬菜日文為「やさい」，音似數字「831」，沙拉醬在蔬菜的上方，月曆「24」正好位在「31」之上，所以八月二十四日是沙拉醬日，日本人制定節日的創意與牽強的尷尬感令人甘拜下風。

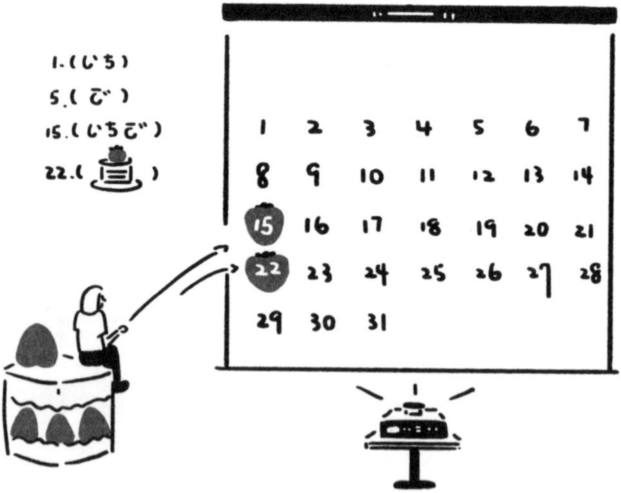

剉冰

—かき氷（ごおり）—

平安時代女作家清少納言（せいしょうなごん）的隨筆集《枕草子》中，有出現將冰塊削成片狀，再淋上用紅葡萄藤的樹脂煮成的汁液製作而成的宮廷甜品，被視為日本最早的冰品，比起冰淇淋，型態更接近於剉冰。

冰除了達官貴人可以食用，在江戶時代末期，冰也被用作保存食物及醫療用途上。當時日本從美國買冰，除了運送成本高達三十萬日圓，運回日本也要耗時半年之久，冰是非常高成本的珍貴物品，區區庶民無法說吃就吃。

進入明治時代，商人中川嘉兵衛嗅到錢錢的味道，他先從富士山麓嘗試採冰，最後終於在北海道函館成功製作出乾淨又大量的冰。一八七一年開始販賣日本當地產的函館冰，冰品才終於得以庶民化。中川嘉兵衛使用的是乾淨泉源做出來的冰，品質有保障，但是因為錢錢的味道太香導致很多黑心商人隨便用路邊的水製作冰來賺錢。

日本內閣總理大臣伊藤博文決定取締這些沒良心的黑心業者，便進行衛生檢查，檢查合格後會發放許可證讓民眾可以安心購買。這張許可證就是你在日本的冰店門口常看到的冰旗！到了後期因為開任何店營業前都要先經過審查，合格才得以營業，開冰店的話，也就不需要二次審查，便廢止了冰旗許可證，只保留著冰旗的風貌吸引客人。

在日本的祭典中也常看到掛著冰旗販賣草莓、哈密瓜、香蕉、檸檬等不同口味剉冰的小攤販，常常讓人在攤販前出現嚴重的選擇性障礙。「怎麼辦～要選哪一個口味？」這個問題如果出現在戀愛遊戲，選錯答案好感度就會下降，你很緊張，在一起去祭典逛街的學妹面前想必不能答錯，但口袋裡只有五百日圓，不能我全都要怎麼辦呢？

其實剉冰淋的糖漿本體都是糖水，只是食用色素和香精不同，你的大腦看著草莓的顏色和草莓的味道就會產生我在吃草莓口味的剉冰的錯覺而已，剉冰根本都是一樣的味道，我們只是被大腦這傢伙給騙了！

此時你可以和糾結在口味選擇上的學妹說：「學妹，選喜歡的顏色就好了，把眼睛閉起來、捏著鼻子吃，每一種味道都是一樣的。」學妹一定會大為讚嘆你的學識：「哇，學長真是博學多聞呢！我以後吃剉冰時都要閉眼捏鼻子，才不會被大腦這傢伙騙。」透過這次祭典彼此的好感度又更提升了，真是可喜可賀、可喜可賀！

順帶一提，人氣冰品宇治金時冰主要是以抹茶煮成糖漿、淋上剉冰後再加上蜜紅豆的傳統剉冰口味。熟知日本的各位，一聽宇治就知道是指抹茶最高品質的京都宇治地名，金時則是據傳一出生就是紅皮膚力大無窮可以跟熊打架的金太郎而得名，正因為紅豆是紅的、金太郎也是紅的，紅豆又稱金時豆，便以坂田金時（金太郎的本名）的金時來命名。原來宇治金時就像現代鄉民常自稱台北金城武一樣，宇治金時也是一個地名加上人名的代號呢！

長崎蛋糕

—カステラ—

大阪有一家常推出驚世駭俗口味拉麵的「フラン軒」，例如在拉麵上放整支霜淇淋或整塊草莓鮮奶油蛋糕或是巧克力沾麵等視覺上很衝擊的組合。把一塊完整的草莓鮮奶油蛋糕或附甜筒餅乾的霜淇淋拌入辣味噌拉麵裡吃雖然看起來很像地獄料理，但據說鹹甜混合蹦出的新滋味還是令人讚不絕口。

フラン軒絕對不是第一個玩食物的人，早在江戶時代，大家耳熟能詳的甜點長崎蛋糕更是常混在湯裡或是搭配蘿蔔泥吃！

我自己蠻喜歡的人氣伴手禮福砂屋的長崎蛋糕除了蛋糕綿密好吃、底部還有一層被視為精華的粗砂糖，常常一個不小心就吃掉一條，然後陷入熱量帶來的滿足和懊悔中，不禁讓人好奇是誰創造這麼罪惡的甜點。

長崎蛋糕據傳在十六世紀由葡萄牙人傳入日本，砂糖則是更早之前由唐朝的僧侶鑑真和尚帶到日本，砂糖在江戶時代初期因為多被當作藥品使用，數量稀少又珍貴，區區庶民無法像買豐年果糖一樣和爸爸撒嬌就買得到。

也因為砂糖昂貴，最初製作長崎蛋糕時並沒有加入砂糖。日本人不知道要怎麼吃從國外傳來的酷東西，吃起來也沒有甜味，所以才會拌在湯裡讓蛋糕體吸附湯汁抑或和香菇一起滷到入味，或是放上現磨的蘿蔔泥做成下酒菜吃，光是想像就有些不可思議。

直到德川吉宗（とくがわよしむね）的時代，真正日本製的砂糖才出現，也就是現代世界馳名的和三盆糖（梅）。砂糖在日本製作成功、加上貴族及武士間盛行茶道，和菓子的發展才開始爐火純青成為世界知名的日本食物。

有趣的是長崎蛋糕雖然源自葡萄牙，卻沒有確切的文獻指出是否當初傳入日本就是長這個樣子，只有關於製作方法的紀錄。在沒有烤箱、食材有限的年代，要還原葡萄牙原汁原味的點心想必非常困難，長崎蛋糕是江戶時代的日本人用當時現有的器具做出來符合日本人口味的食物，逐漸發展成雖然長得像洋菓子但又有和菓子風情的獨特甜點。

日本曾有一個市調網站把鯛魚燒、大福、甜甜圈、聖代、果凍等二十種點心列出來，想知道對一般人而言哪些算和菓子、哪些又是洋菓子。上述舉的例子應該很

(梅) 和三盆糖（わさんぼんとう） 源於香川縣或德島縣生產的一種傳統砂糖，經常用於和菓子的製作。

好分類和菓子或洋菓子，例如鯛魚燒有百分之九十七的人認為是和菓子、甜甜圈則是有百分之九十七的人認為是洋菓子，應該是毫無懸念。不過長崎蛋糕卻有百分之四十四的人認為是洋菓子，等於將近一半的人覺得長崎蛋糕介於和菓子和洋菓子之間，長崎蛋糕成為和菓子和洋菓子的一個分界點。

フラン軒

住 大阪府大阪市中央区北久宝寺町3-5-3

電 06-7650-0078

營 11:00-22:30

franken0705

糰子

—団子(だんご)—

我很喜歡吃糰子，不管甜鹹只要有賣糰子我就會掏錢出來買。有一年冬天我在奈良餵鹿，餵完鹿後手上都是鹿仙貝的味道，因為天氣超冷本來想走到車站再洗手，結果看到附近有賣現烤糰子的攤販。糰子雖說就是糯米味，但是烤過後的香氣逼人，可以依個人喜好加上醬油增添鹹味，或是加入紅豆餡或糖漿變成甜點，口感上烤的微焦的地方偏脆、內裡軟糯，熱愛糰子如我怎麼能放過寒冬中吃熱呼呼糰子的機會，所以還是用路邊的水龍頭的超冰水洗手，洗到手指發麻顫抖就只為了吃糰子，足以顯現我對糰子的忠誠。

在繩文時代就有類似糰子的祖先，當時是使用櫟樹的果實磨成粉加水，捏成像小麵團形狀的模樣食用，因為橡實直接吃有苦澀味，所以改用磨成粉的方式吃。

現代大家常聽到的御手洗糰子（御手洗団子（みたらしだんご））意外的和前述洗手的故事有巧妙的連結。日本第九十六代天皇後醍醐天皇某一天到京都的下鴨神社，進神社前就連天皇也必須在御手洗池洗手。洗著洗著，池子突然冒出一個大泡泡接著出現四個小泡泡，據傳便以此形象做成糰子。

御手洗糰子五個一串代表人的「五體」，第一顆較大顆並與其他四顆稍微分離，代表人的頭，下面四顆則表示軀幹，以前是神社供奉完糰子後民眾再把糰子帶回家烤來吃，藉以除厄。

下鴨神社每年七月舉辦的御手洗（みたらし）祭（まつり）也很有趣，御手洗有洗手的意思，但在御手洗祭卻是讓大家洗腳！參拜者繳交燈明金三百日圓後會拿到一根白色蠟燭，拿著點燃的蠟燭赤腳走進下鴨神社的御手洗池，浸泡雙腳在神聖的池中，洗去災難病痛，並祈求無病無痛。在炎炎夏日踏進深及膝蓋的御手洗池，除了稍微緩解炎熱，更可以趨吉避凶，推薦大家有空可以體驗看看，每一年的舉辦時間不一定，建議可以先查詢日期再買機票。

說到除厄，靜岡縣的慶龍寺也有著名的十糰子傳說：相傳古時候位於交通要道的宇津之谷嶺的某寺廟有一位住持身患重疾，必須請小沙彌吸出自己的血才能減緩疼痛，殊不知小沙彌愈吸愈上癮，最後變成吸血惡鬼到處攻擊人。

附近居民苦不堪言便向地藏菩薩求救，地藏菩薩化作旅行僧來到吸血惡鬼面前發出戰帖，要打就去練舞室打。眼看吸血惡鬼像超大型巨人一樣巨大，只用蠻力想必會輸到脫褲，地藏菩薩語帶挑釁：「你能變大，那能變小嗎？」

身為瘋起來連自己都怕的吸血惡鬼，區區變大變小根本小菜一碟，於是他將自己縮小成剛好能在地藏菩薩手中的大小。地藏菩薩說時遲那時快立刻把吸血惡鬼變成十顆小糰子，像小智收服寶可夢一樣成功收服吸血惡鬼。

從此以後十糰子就變成除厄驅魔的護身符，從室町時代開始就是當地的熱門土產，大多是吊掛在屋簷下消災解厄，也曾出現在歌川廣重知名的《東海道五十三次》浮世繪中。

雖然糰子曾經多為五顆一串，但你可能也發現關東地區的糰子卻是四顆一串佔大多數。從京都發跡的糰子傳入江戶時還是五顆一串販售，售價五文。隨著四文錢開始流通，傳說當時經常出現要五文、給四文的詐欺行為，讓店家苦不堪言，民眾掏錢也覺得還要多拿一枚一文錢很不方便，乾脆將五顆糰子改成四顆，糰子減一、售價也減一，變成四顆一串售四文錢。所謂加量不加價，減量也減價，自此在關東地區便以四顆一串的糰子為主流，持續至今。

鯛魚燒

——鯛焼(たいや)き——

天然真鯛和養殖真鯛可以透過鼻孔的數量來分辨，鯛魚燒也有分天然和養殖！鯛魚燒的燒烤模具大致分為兩種類，一種為一次烤一隻的獨立款、另一種則是一次可以製作大量鯛魚燒的多量款。因此有人戲稱獨立款烤出來的鯛魚燒為天然鯛魚燒，多量款烤出來的則是養殖鯛魚燒。

先別說這個知道了也對人生沒有幫助的日本小知識了，相信大家應該更好奇鯛魚燒為什麼要用鯛魚的形狀呢？貓咪燒、恐龍燒、削鉛筆機燒不也蠻有創意嗎？殊

不知，鯛魚燒之所以是鯛魚燒，早就經過幾次試行錯誤，最早的鯛魚燒祖先其實是「烏龜燒」。

鯛魚燒始祖店據傳是東京都港區於一九〇九年創業的浪花家總本店，若要追溯更早之前類似的和菓子，則比較接近超過三十種稱號的「今川燒」，也有人唸「大判燒」或「回轉燒」，若要帶點高級感，則可念成日式鐵板煎餅佐嚴選丹波大納言。

總之浪花家總本店創始人神戶清次郎和弟弟神戶源治郎從家鄉兵庫縣神戶市到東京念慶應義塾大學，原本應該享受瑰麗又自由的大學生活，卻因為老家經濟狀況出問題不再提供學費和生活費，兄弟倆只好退學並想辦法賺錢以維持生計。

因此，兄弟兩人決定販賣當時流行的今川燒，不過有賣點的東西一定會吸引很多商人開店販賣，就像紅極一時的珍珠奶茶店和台灣古早味蛋糕店在日本街頭也是一間一間如雨後春筍般開店。神戶兄弟開的今川燒店也因為競爭對手太多，生意始終沒有起色。

既然許多人都賣一樣的東西，若不做出特色就無法吸引顧客，哥哥清次郎便想到將今川燒圓圓的形狀變成烏龜的模樣，烏龜有長壽的吉祥象徵，應該可以吸引不少人吧！抱持著期待做出的烏龜燒結果還是完全賣不出去。好吧，也許烏龜不夠可愛，神戶兄弟又接二連三的想到兔子燒、棒球燒等等生物或非生物的形狀，可惜沒有一樣成功。

有一天突然靈光一閃，他們想到和「恭賀（めでたい）」同音的鯛魚（たい），除了吉祥又有祝福之寓意。除此之外，鯛魚曾經也是庶民無法輕易吃到的高級魚類，如果用買今川燒的價錢買得到鯛魚形狀的鯛魚燒，庶民也會很開心吧！從此，鯛魚燒誕生。

無論是鯛魚燒還是今川燒，似乎只要是和菓子就有包紅豆餡的印象。其實和菓子的祖先──包餡饅頭，在中國是包入菜和肉居多。只是日本當時因為佛教的影響而有長達一千兩百多年的禁肉令，因此包餡饅頭傳入日本時，無法在內餡裡包肉類。

古人左思右想，到底要包什麼才適合？想來想去，不如包和肉的顏色有八成七像的紅豆餡吧！紅豆的紅色除了和肉的紅色有點像，可以當作替代品，在古時候紅色也有驅邪的意思，常被當作奉納給神明的食物之一。在砂糖還很昂貴的年代，會用鹽當佐料做成鹹的紅豆餡包入饅頭中，紅豆的色香味和良好寓意等眾多考量，讓紅豆開始被廣泛運用在各式料理的餡料中。

雖然在室町時代就有以甜紅豆餡做成的甜饅頭紀錄，但一直到江戸時代，砂糖的穩定輸入以及國產化，讓紅豆餡開始由鹹變甜，開始慢慢成為和菓子的定番內餡。

現代日本人仍舊喜愛紅豆餡，紅豆餡又分成有顆粒狀的つぶあん和豆泥狀的こしあん。台灣人會吵南部粽北部粽誰比較好吃，日本人也會吵顆粒紅豆餡和豆泥紅豆餡誰才是王者。在多到滿出來的市場調查中，顆粒紅豆餡和豆泥紅豆餡兩者常常不分上下，各有眾多擁護者，無法明確分出勝負。

如果難以選擇，那以熱量做考量吧！令人意外的是同樣重量的紅豆餡，顆粒紅豆餡居然比豆泥紅豆餡的熱量略低一點喔！

・東京鯛魚燒三大名店（順帶一提這三家都是用獨立模具烤出來的天然鯛魚燒）

浪花家總本店

㊟ 東京都港区麻布十番1-8-14
㊢ 03-3583-4975
㊞ 11：00-19：00　週二公休

柳屋

㊟ 東京都中央区日本橋人形町2-11-3
㊢ 03-3666-9901
㊞ 12：30-18：00　週日、週一公休

名代 たいやき わかば（若葉）

㊟ 東京都新宿区若葉1-10 小沢ビル1F
㊢ 03-3351-4396
㊞ 09：30-18：30　週日公休

・烏龜燒名店

福生亀焼き 勝藤

㊟ 東京都福生市加美平2-2-15
㊢ 042-553-2951
㊞ 09:30-16:30 週六、週日公休

飲(の)み物(もの)

第六章

飲料

咖啡

—コーヒー—

我是一個咖啡成癮的人，上班日必定要用咖啡開啟社畜的一天，假設咖啡機和打卡機同時壞掉，我一定先報修咖啡機。

咖啡據傳最早在江戶時代初期就從荷蘭傳入長崎，只是根本沒有人知道怎麼處理咖啡豆，也因為不符合江戶人的口味，導致咖啡嚴重滯銷。為了推廣咖啡豆，出現「廣告不實」的文宣，聲稱咖啡具有預防腳氣病的功效甚至可以延年益壽，咖啡開始變成藥物配給品，每包咖啡還會附上藥品服用指示。

只可惜咖啡會破壞維生素B1，對缺乏維生素B1造成的腳氣病反而適得其反，如果換成現代，這樣的廣告不實想必會被告到脫褲吧。被當作藥材使用的咖啡，沒有真正傳遍大街小巷，也沒有人手一杯咖啡。雖然咖啡很早就傳到日本，但第一家本格的咖啡廳「可否茶館」直到一八八八年才於東京上野誕生。

可否茶館在當時是很新潮的店，除了供應咖啡和茶，店內還提供撲克牌、撞球桌、報紙、書籍、廁所和淋浴間，有點像是古早時期的小歇和日本網咖的結合版，讓顧客可以一邊喝咖啡一邊吸收新知，非常文青。

本來以為咖啡這麼新潮的酷東西可以吸引都市人嚐鮮，殊不知可否茶館開業三年左右就倒閉。對於喝茶、喝水、喝湯習慣了的日本人來說，香氣撲鼻的咖啡味太過刺激。

曾經有人形容咖啡的味道「又焦又臭無法忍受」，就像懼怕杏仁茶味道的我走在夜市或是賣場，只要遇到杏仁茶攤販就得憋氣經過。對當時的人而言，咖啡的味道會不會就像濃郁的杏仁茶，是一個凡走過必不能呼吸的存在呢？

雖然可否茶館結束營業，但還是或多或少吸引對咖啡有興趣的族群。明治時代後期，咖啡廳如雨後春筍般出現，除了文人聚集的會費制「春天咖啡（カフェー・プランタン）」，東京銀座也出現「老保羅咖啡（カフェー・パウリスタ）」，推出連學生也負擔得起的平價咖啡，後來也展店到全日本各地，是世界上第一家連鎖咖啡店。喝咖啡的習慣也開始在日本人的生活中紮了根，就連和食料理飯後，也會用一杯咖啡作為收尾。

此時我也好奇為什麼明明是和食料理，最後也會端出咖啡呢？據傳歐洲以前在吃完午餐後，有小酌紅酒的習慣。不過隨著下午需要聚精會神工作的銀行業、新聞產業出現後，喝了酒就沒辦法靈活動腦。

雖然我也曾想過開重大會議前先喝一杯壯壯膽、或是放一瓶威士忌在置物櫃裡，遇到惱人的事情就偷喝一口消消氣。但大家醉醺醺的上班也不是個好辦法，既想要飯後喝一點東西、又不想爛醉在公司裡，就演變成餐後喝咖啡來取代紅酒。也有另一個說法是法國人喜歡邊吃午餐邊喝紅酒，飯後的咖啡則是用來醒酒。

不管是哪種說法，西洋文化進入日本也帶進洋食的飲食習慣，不管是和食或是洋食，飯後一杯咖啡也變成套餐料理的定番。江戶時代時號稱咖啡可以延年益壽，仔細想想如果沒有咖啡因支撐我上班，我可能已經在公司門口倒地不起，某種程度也是在延長我的壽命沒錯啦！

可爾必思

―カルピス―

不知道各位的初戀是什麼味道呢？可能是酸酸甜甜、甜甜蜜蜜，或是屬於應該被埋在後山放火燒掉的焦苦味。不管是哪一種，都來一瓶「初戀的滋味」——可爾必思吧！

可爾必思的創業者三島海雲（みしまかいうん）是僧侶的孩子，他後來也出家變僧侶。二十五歲時他跑到中國從事類似日貨代購的雜貨商貿易，但是運氣不太好居然遇到日俄戰爭，三島海雲為了調度軍用馬匹和物資被派到內蒙古。

抵達內蒙古後據說三島海雲因為水土不服上吐下瀉差點原地往生，當地的遊牧民族餵他喝馬奶發酵過後的乳酸，連喝幾天居然痊癒了。他觀察這些遊牧民族每天早晚喝乳酸，各個身強體壯、精力充沛，根本是魔法靈藥。

魔法靈藥就是遊牧民族熱愛的馬奶酒，三島海雲回到日本後因緣際會喝到剛在日本上市的優酪乳，但他總覺得還是馬奶酒好喝。所以就試著如法炮製內蒙古馬奶酒，在一九一六年正式商品化，商品名竟然是「醍醐味」。醍醐味感覺比較常在醬油廣告中出現，但其實醍醐指的是從牛奶精煉出來的食品，李時珍在《本草綱目》也有紀載：「宗奭（ㄕˋ）曰：『作酪時，上一重凝者為酥，酥上如油者為醍醐，熬之即出，不可多得，極甘美，用處亦少。』」

三島海雲推出醍醐味後雖然造成小小的流行，卻因為當時原物料短缺，牛奶收集不易，加上牛奶容易滋生細菌等眾多因素導致生意失敗。

不過安西教練曾說過：「如果現在放棄的話，比賽就結束了」，三島海雲沒有放棄，他很努力重新改良配方和增進知識，最後在一九一九年七月七日推出新商品「可爾必思」，這一天也成為可爾必思紀念日。

以牛奶富含的鈣質（カルシウム）的「カル」和佛教提出的五味「乳、酪、生酥、熟酥、醍醐」來取名。最高階「醍醐」的梵語為サルピルマンダ，不過念成「可爾必魯（カルピル）」好像有點繞口，最後就用「熟酥」的梵語サルピス結合成「可爾必思（カルピス）」。

有趣的是可爾必思的日文發音聽起來很像牛尿（Cow Piss），因為沒有人想喝牛尿，據說因為這個原因，在有些英語系國家將可爾必思的英文改成 Calpico。

想到可爾必思，除了初戀的滋味還會想到包裝特有的藍白色圓圈圈吧。曾經我以為藍白色圓圈圈是水珠，但是藍白色圓圈圈其實是重現三島海雲在蒙古的夜晚看到的壯麗銀河，圓圈圈是夜空上的星星。

還有一個有趣的可爾必思小知識：二〇〇九年七月開始，每個月的七日可爾必思員工餐廳裡都會出現用可爾必思當成食材做出來的料理，甚至在二〇一一年還推出過相關食譜。除了有很搭的甜點和冰淇淋，也有意想不到的可爾必思咖哩、可爾必思味噌鯖魚，甚至是可爾必思押壽司！

甘酒

—甘酒（あまざけ）—

有一天阿明穿著西裝，拿著公事包，站在門口和妻子以及剛滿周歲的小孩告別，家人以為阿明要去上班，但其實阿明剛被公司開除，裝作要去上班的樣子，其實只是拿著快要見底的餐費打打小鋼珠然後去公園發呆一個下午。

「今天運氣真差，小鋼珠只中了一杯甘酒而已。」阿明手裡握著剛從小鋼珠櫃台換到的甘酒，明明是炎熱的夏天，中什麼熱甘酒呢？熱呼呼的甘酒不是冬天必備嗎？相信你也跟阿明有一樣的疑惑，新年參拜時搓著熱熱的甘酒杯子取暖、甚至在江戸時代的江戸（現在的東京），甘酒也被說是冬夜的風物詩（梅）之一。這些歷史老師都有講、考試也有考啊！夏天喝熱的甘酒也太不合理了吧。

說時遲那時快，阿明的面前突然出現時空旅人阿梅，阿梅從草叢裡搬出一塊黑板，不顧阿明的疑惑，開始講解甘酒的歷史：甘酒從古墳時代就出現文字記錄，是自古以來日本的傳統飲料之一。使用米和麹製作而成，呈混濁乳白色狀，又可以叫做甘粥。五百年前的室町時代，甘酒才成為商品販賣給顧客。

雖然熱甘酒和冬季幾乎可以劃上等號，但其實在江戸時代的京都和大坂（大阪），甘酒是只有夏天才會販賣的飲品。原本習慣在冬夜賣甘酒的江戸地區小販們發現京、坂的小販居然只有夏天賣甘酒，便模仿起來，也開始在夏季白天販售甘酒。

（梅）風物詩（ふうぶつし）　根據季節的自然變化應運而生的景色或是人文活動。

於是夏冬兩季、白天到夜晚都有小販挑著放入滿滿甘酒的木箱，在大街小巷喊著「好甜～好甜的～甘～酒～喔～」叫賣。想喝甘酒的人在炎熱的夏日午後一邊吹著熱騰騰甘酒上冒著的白煙、一邊流汗啜飲的樣子據說是當時的風景之一。

甘酒搖身一變成為江戶時代時不論江戶、京都或大坂的夏季人氣飲品，據傳甘酒還可以防止中暑、補充體力，被譽為「夏天的營養飲料」。在現代，甘酒也被當作是超級食物之一。根據製作原料和方法，甘酒酒精含量極低甚至也有不含酒精成分的甘酒，因此不管男女老少都可以購買。因為甘酒人氣太高又富含營養，江戶幕府為了人民的健康以及防止惡意哄抬價格，限制售價最高就是四文錢。

不過既然連炎炎夏日熱甘酒也有市場，代表一年四季不論冷暖都一定會有生意吧，甘酒小販覺得不能只賣夏冬兩季，要賺就是要賺爆，於是四季都出現了甘酒小販，生意好得不了，小販數錢數到手抽筋，熱甘酒不分季節也都喝得到。

「很意外吧？和現在不太一樣，以前的熱甘酒是夏季風物詩呢！」時空旅人阿梅說：「對了，我是從江戶時代穿越過來的時空旅人，負責告訴你甘酒的歷史。」阿明此時腦筋一動，立刻打電話給時空警察通報：「喂喂時空警察嗎？這裡有人穿越時空！」

於是，時空旅人阿梅就被時空警察抓走了，阿明得到了一大筆檢舉獎金，從此和家人過著幸福快樂的日子，再也不用孤伶伶一個人拿著熱甘酒在公園裡苦惱下一餐了。

日本酒

お酒（さけ）

有些日本釀酒廠的門口會掛一顆超大型的圓球，乍看之下很像北海道阿寒湖的特別天然紀念物綠球藻，綠球藻的形成據說是因為在水中受到不同速度的水流聚集而成，就像有線耳機放在包包中被黑魔法糾結成人類無法化開的結，綠球藻也一樣翻滾、糾結成一大顆圓形的球。

不過釀酒廠門口掛著的大球不是綠球藻，更不是泡沫時代舞廳掛著的霓虹大彩球，而是名為「杉玉（すぎたま）」或「酒林（さけばやし）」的裝飾物。杉玉的起源據傳是奈良縣最古老神社

之一的大神神社，也是日本三大酒神神社之一。大神神社每一年的十一月十四日會舉行釀造安全祈願祭（酒祭），掛上杉玉以求新酒釀造過程安全又順利，也為釀酒業祈求繁榮發展。從江戸時代開始，掛上杉玉的習慣就開始流傳到日本各地的釀酒廠。

又因為大神神社的神體是所在地三輪山，所以傳說中用三輪山上的杉木製作出來的杉玉最有神力，曾經各家釀酒廠遠道而來只為了拿到大神神社的杉玉。

大約二、三月左右掛上屋簷的杉玉是翠綠色，表示新酒剛釀好，隨著時間推移進入秋天，杉玉開始轉變成茶褐色，也代表著新酒的熟成，杉玉顏色變得愈深、新酒也就愈陳愈香。因此杉玉的用意是用來告知大家「新酒做好囉」可以準備打破撲滿買酒囉！

說到日本酒也常常會聯想到動畫電影《你的名字》中的口嚼酒。雖然很早很早以前就有製作酒的紀錄，但確切寫出用米為原料製作出酒的紀錄卻直到西元七一三年左右的《大隅國風土記》中才出現。紀錄中描述在大隅國（鹿兒島縣東部）的村民準備了水和米，把生米嚼一嚼之後吐回容器中放置至少一個晚上，當容器飄出酒香，村民就會聚集起來一起喝口嚼酒。

另一種是在西元七一六年的《播磨國風土記》中，出現用發霉米飯產生的麴菌來製造酒，由此可見，奈良時代就有以米為原料的口嚼酒和麴菌釀酒的釀酒法。

除了日本酒，日本人也超級愛喝啤酒，聚會時常常說：「總之先來杯啤酒吧（とりあえずビール）」。曾經有市調網站做「你是餐會中第一杯會點啤酒的總之先來杯啤酒派嗎？」的調查，有七成的人回答「是」，特別是五十歲以上超過七成五都是先來杯啤酒派（とりビー派）。

到底為什麼在種類如此多的酒當中，大家還是會想先點啤酒呢？這個問題很困擾我，以為是有什麼神奇的行銷魔法或是隱藏版小知識躲在其中，殊不知市調詢問先來杯啤酒派的理由，只是「單純想喝啤酒」占大多數，第二理由則是「可以迅速供應」。

在日本當社畜時，我的辦公室在五樓，每週五下班都會舉辦「五樓會」。古人有云「天下沒有不散的宴席」，但是我們的五樓會不到早上怎麼樣都散不了，非常可怕。第一攤先吃飯喝點小酒、吃飽了但還沒喝夠，第二攤就會去居酒屋或酒吧喝酒，喝飽後想要活動一下身體，通常會選擇保齡球、飛鏢或是唱歌當第三攤。運動夠了稍微肚子餓了，第四攤會去吃拉麵配餃子，這時候也差不多五點，就會聊聊天等天亮搭首班車回家，同時和同事們一起默默盯著平常對你很嚴厲的上司睡在路邊的糗樣。

日本人也常以吃拉麵作為聚會的結尾（締めラーメン），我曾問上司，為什麼一定要用拉麵結束這一回合，他們說有時候喝酒喝到一個瞬間會突然超想吃拉麵。好像真的有合理的解釋：酒精有利尿作用，特別是啤酒的利尿作用很強，排放水份的同時又把身上的鹽分排掉，因此身體會想要補充水分和鹹食，拉麵想必就是最佳解方了吧！

喜愛啤酒出名的還有一萬日圓紙鈔上面的那個男人——福澤諭吉，他是慶應義塾創始人、日本近代重要啟蒙思想家、教育家、明治六大教育家之一，甚至影響了明治維新運動，不過他也是可以掛上愛酒成痴橫布條在家門口的愛酒人士。

福澤諭吉三十歲後半身體狀況不佳，因此被迫節制飲酒，可是血管裡流著的不是血而是酒精的福澤諭吉根本無法接受不喝酒，在因健康因素的禁酒期間還是堅持每天要喝啤酒，別人勸他不能再喝，他還會回嘴：「啤酒不是酒啦。」

雖然我沒有熱愛喝酒成這樣，但我可以理解為了喝酒想出一堆歪理的福澤諭吉，就像我的名言「好吃的東西卡路里基本為零」有異曲同工之妙。

スペシャル料理（りょうり）

第七章

特別料理

太空人食物

——宇宙食（うちゅうしょく）——

我從小就喜歡宇宙，也曾經立志當太空人，想要透過酷炫的太空人頭盔看宇宙的奧秘，長大後卻只能用電影螢幕看人類的高科技如何製作浩瀚宇宙或是到各國的太空中心當觀光客過過乾癮。

在日本宇宙航空研究開發機構（JAXA）參觀時，看到日本宇宙食物的介紹引起了興趣，也順手買了號稱宇宙冰淇淋的伴手禮回家吃，可惜並沒有非常好吃。我想起日本第二位女性太空人山崎直子在受訪時說過太空食物伴手禮就只是伴手禮，並不是真正的宇宙食物，那麼太空人會在太空中吃什麼呢？JAXA的官方網站列舉了許多日本宇宙食物，像是便利超商常見的UFO炒麵、小雞拉麵、Lawson炸雞君的宇宙版本，或是各種口味的咖哩飯、鯖魚罐頭、鮭魚御飯糰等等琳瑯滿目，想必飛到遙遠的宇宙，思鄉時這些食物一定能夠給予很大的幫助。

太空人在出發前會先進行試吃，挑選自己喜歡的宇宙食物後，再透過專業的營養師搭配成一週份量、每日三餐的菜單，接著就是每週重複菜單。因為能夠帶上太空的食物數量有限，很難「我全都要」，所以就有太空人利用現有的食材變化成新的料理，例如將太空鮭魚飯糰、太空海苔和太空美乃滋加在一起變成太空手卷。

美國太空總署（NASA）的Youtube有太空人野口聰一將漂浮鮭魚米飯包入漂浮海苔的影片，看起來也很有趣，甚至在國際太空站也會舉辦太空手卷派對增進各國太空人的感情、推廣日本的太空食物。

國際太空站常有各國太空人常駐，若想吃異國風味的美食，可以進行「以物易物」。如果想和俄羅斯太空人換匈牙利燉牛肉、韓國太空人換泡菜、中國太空人換宮保雞丁時，據說日本的日清杯麵和咖哩飯都是很好用的籌碼。

不過在無重力的空間下吃咖哩或吃拉麵，難道湯湯水水不會四處飛濺嗎？由日清食品開發的太空拉麵就有特別增加湯汁的黏稠度。多家食品公司為了讓太空人能在遙遠的地方吃到日本家鄉味以及自家公司品牌的商品，不管是味噌煮、日本茶、山椒小魚乾都下足了功夫，

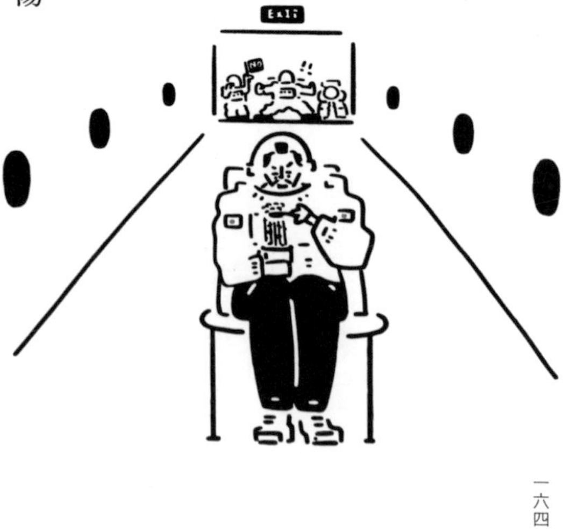

目前也有許多學校或是商家持續開發宇宙食物，替日本的宇宙發展盡一份心力。

說到日本家鄉味就不得不提納豆，尤其是納豆強烈的味道若帶到太空站如此密閉的空間，不知道會不會引起其他國家太空人納豆般的動機、宇宙般的殺意。太空人毛利衛曾經向美國太空總署提出把納豆帶去宇宙的申請，結果不被許可。令人意外的是，原本以為是因為納豆的特殊氣味才被否決，沒想到氣味雖然合格，但是納豆的牽絲卻被認為會在無重力空間飄來飄去黏在昂貴又重要的器材上，導致現在要在太空中吃到納豆是件不可能的事。

目前受到JAXA承認的宇宙食物多達五十二種，期待未來有更多日本料理被帶上太空，也許哪一天將納豆的牽絲改良成功後，日本人也可以在太空中大吃宇宙納豆了！

學校營養午餐

——学校給食（がっこうきゅうしょく）——

有一天，老師氣噗噗的上台質問大家：「阿梅同學每天早中晚吹的直笛不見了，到底是誰拿走的！」如同電視劇的劇情，所有人閉起眼睛，犯人舉起手承認自己犯下的罪刑。「你想偷阿梅同學照三餐吹的直笛的這件事情並不是秘密喔，畢竟是阿梅同學吹過的直笛啊！」老師如此說道。因為大家都想要阿梅的直笛，所以最後大家決定把阿梅同學變成營養午餐。透過上面這個故事，應該很好奇日本的學校是從什麼時候開始提供營養午餐呢？難道真的是校園七大不可思議之隔壁同學神秘消失在校園裡的那一天開始的嗎？

據傳營養午餐的發源地是山形縣鶴岡町的私立忠愛小學，時間為一八八九年。當時有些家庭沒有能力幫小朋友準備便當，為了那些餓肚子的小朋友，學校提供飯糰、煎魚或是簡單醃漬品讓小朋友果腹。後來愈來愈多所學校重視因家庭或經濟因素導致孩童營養不良的問題，學校才提供校內每個學員營養午餐。

雖然也曾因戰爭因素，糧食嚴重不足而停止供應營養午餐。戰後的一九五四年，制訂了學校營養午餐法，讓學校再次重新供應營養午餐給學生。

日本有許多節慶和年中行事，為了讓學生體驗季節感以及特別節慶才吃得到的食物，營養午餐也會配合年節活動提供相對應的餐點，有些地區也會供給鄉土料理或該地的特產，讓學生了解自己所居住地區的名產，也是一種自產自銷的方式。如果你家市長不是邊緣人，也會將其他縣市的特產變成社交推廣用的營養午餐，讓學生認識不同地區的飲食文化。

而說到營養午餐麵包，日本人腦海裡第一個浮現的應該都是熱狗麵包（コッペパン）。究竟為什麼熱狗麵包會變成營養午餐定番，其實和戰後提供的救難物資原料有關。

戰後小麥粉物資很多、米卻很少，加上駐日盟軍總司令希望可以多培育麵包師傅，於是便製作沒有熱狗的熱狗麵包供餐給學生。到了後期就算米價穩定、物資充足，也因為煮飯硬體設備的經費問題，還是無法供應米飯給學生，學生只好再多吃幾年熱狗麵包。

還有一段時間學校提供炸的熱狗麵包，炸熱狗麵包的起源據傳是東京大田區的嶺町小學。大多數提供炸麵包當營養午餐的文獻都在一九五五年以後，但嶺町小學在一九五四年就出現提供炸麵包當營養午餐的紀錄，推斷嶺町小學應該是最早和炸麵包有掛勾的學校。

當時的營養午餐負責人是筱原常吉，很有可能他在一九五二年就有炸麵包的構想。不知道大家是不是覺得什麼東西拿去炸都會很好吃，相信筱原常吉也是這麼想的吧！

一九五二年的冬天盛行流行性感冒，很多學生都生病不能來上課，導致要用來當營養午餐的熱狗麵包剩下超級多。當時就想那不然由沒有感冒的學生把這些麵包拿去給感冒的學生家，可以消耗掉一些熱狗麵包。現在想想這個舉動未免也太危險了吧，流行性感冒感覺就是這樣被傳開的。

只是這種熱狗麵包放久都會變得很乾很硬很難吃，為了要讓已經生病在家沒食慾的學生吃下這些麵包而不是轉身丟掉，筱原常吉試著把這些熱狗麵包拿去炸，炸完還沾了砂糖增味。他一定也認為所有東西拿去炸就是好吃。

果然，所有東西拿去炸之後都會變得很好吃是至理名言，也許這些生病在家的學生吃到超好吃的炸熱狗麵包後，就跟沒生病只能吃一般無聊熱狗麵包的同學說：「欸，我生病的時候吃到的炸熱狗麵包超好吃的，你要不要也生病吃吃看。」為了不要讓這種中二的行為傳遍全校，炸熱狗麵包就開始成為營養午餐的菜單之一了。

熊本城

——熊本城（くまもとじょう）——

二〇一六年熊本縣的地震震垮了熊本城多數的石牆和屋瓦，也震碎許多喜愛熊本城民眾的心，還好目前修復作業循序進行，預計二〇三六年就能修復完畢。熊本城是安土桃山時期的武將加藤清正所建造，據傳加藤清正身高一百九十一公分，很喜歡築城建寺，對戰國時代平均身高不到一百六十公分的人而言，加藤清正就是個巨人建築家吧！

熊本城還有另一個漂亮的別名為「銀杏城」，有趣的是，也有人稱它是「可以吃的城」。月底發薪前貧窮到吃土、啃樹皮倒是聽過，但是城也可以拿來吃倒是很新奇。建造熊本城時，加藤清正記取之前出兵朝鮮時受飢餓之苦的教訓，他考量到若發生籠城戰（攻城戰），城內就必須要有充足的儲備糧食。畢竟連坐辦公室的我肚子餓時都會無法動彈無力開會，更何況是戰場上的士兵，更是不能餓肚子，必須有足夠的存糧備戰才行。

雖然熊本城不像糖果屋一樣用麵包當牆壁、蛋糕當屋頂、糖果當窗戶，但城內除了挖滿水井以及食物儲藏空間，甚至種滿銀杏樹，銀杏的種子「白果」可以炒來吃也可以當茶碗蒸的素材；榻榻米裡面塞的是乾燥後的芋莖，只要加水軟化後就可以調味煮來吃；可食用珪藻土和甘草做成的牆壁也混入葫蘆乾，緊急時刻啃一啃牆壁牙齒可能會斷掉，但挖一小塊牆壁下來煮成湯也能充飢。

日本常用野味製作料理，自稱「野食獵人」的作家茸本朗（たけもとあきら），也曾實際用珪藻土、葫蘆乾重現可以吃的熊本城牆壁。材料混和曬乾後的確質地堅硬，外觀就是黏著葫蘆乾的牆壁。剝下一小塊加入水和少量味噌煮開後，據說吃完的心得是「口味就像葫蘆乾味噌湯，喪失理智的時候應該會覺得像粥，不過冷靜想想其實就是吃泥巴」。

加藤清正打造的熊本城無論是牆壁、榻榻米還是種的樹，每一樣都能吃，簡直就是戰國時代「沒那麼好吃」版本的糖果屋！除了熊本城是一座可以吃的城，也有人說日本城周圍種植大量的松樹，也是因為可以將松樹做成緊急糧食。只要將松樹皮下的白色部分煮一煮，加入穀物蒸熟，就可以做成像麻糬一樣的「松皮餅（まつかわもち）」。

江戶時代中期因受到嚴峻氣候和火山爆發影響，農作物生產量銳減，導致天明大飢荒，當時就有用松樹做成松皮餅止飢的方法。隨著時局安定，目前還有製作松皮餅的僅剩秋田縣由利本莊市內鳥海地區，如果有機會去鳥海地區遊玩，也可以吃吃看松樹的皮是什麼樣的滋味。只是現代作為鄉土點心的松皮餅已經不是為了解決飢荒問題，所以在製作過程中加入能夠讓松樹皮更好吃的重重工法，吃起來其實就和一般麻糬一樣好吃。

看完這篇的各位，就算月底很窮，也不要去熊本城吃土啃樹皮咬牆壁喔！熊本熊部長會很困擾的。

兒童餐

─お子様(こさま)ランチ─

有時候看到菜單上寫兒童餐，就會忍不住仔細看餐點內容有什麼，兒童餐總是品項豐富，若在店門口擺設食品模型，也通常做得色彩繽紛，多半會在小山丘一般的飯上面插一面旗子。

上一次吃某知名速食店的兒童餐應該是二十年前的事情，但是長大後還是偶爾想要吃兒童餐，不知道各位吃完兒童餐後會不會思考著：吃完這頓兒童餐，我就要回家鄉結婚；或是吃完這頓兒童餐，我就要回去看我剛出生的兒子。

我猜從來不會有人這樣想過，但是為了要連結「立 flag（梅）」和剛好送來的兒童餐上的小旗子的關聯性，必須要讓你感到好奇，為什麼兒童餐上都要立一面旗子呢？

昭和年代以前沒有兒童專屬的兒童餐，東京日本橋三越的食堂部主任安藤太郎希望可以讓小朋友開心用餐，在一九三〇年提出的兒童洋食餐據傳是兒童餐的起源。也有一說是因為店內進了很多可愛的盤子，他想讓小朋友用可愛盤子，所以發揮巧思推出兒童餐。

因為安藤太郎喜歡登山，在設計兒童洋食餐時，他覺得小朋友如果看到代表登頂成功的旗子，一定會覺得很有成就感，引起對吃飯的興趣。加上當時全球景氣不佳，安藤太郎也希望能夠讓小朋友不受大人世界的影響開心吃飯，便試著把小旗子

[梅] 立旗　網路用語，意指下定決心做大事但是情勢立即轉變，通常立旗者的下場悲慘導致無法實現願望。

插在做成小山丘狀的白飯上，看起來的確就像登頂成功的旗子，小朋友也都很喜歡。兒童餐立 flag 開始成為定番。

過沒多久上野松坂屋將兒童洋食餐正式的變成兒童午餐並放在菜單上，一九六〇年代上野松坂屋隨餐附贈超人力霸王的玩具，兒童午餐附贈玩具的形式也慢慢被周遭店家效仿。

上野松坂屋因為位在上野動物園附近，可以觀賞動物、周邊又是攜家帶眷賞花散心的好地點，因此兒童午餐的生意非常好，據說假日時能夠賣出一千三百份兒童餐，就算兒童餐的售價是大人餐點的半價左右，也依然賺爆父母的錢。

大家很想知道一九三〇年代的兒童餐菜單內容吧！日本橋三越兒童洋食餐菜單

有小山丘狀番茄醬飯、可樂餅、火腿、果醬三明治、蛋沙拉三明治、拿坡里肉醬義大利麵，聽起來就很多種類又色彩鮮豔。上野松坂屋兒童午餐菜單則是小山丘白飯佐萬惡青豆、可樂餅、歐姆蛋、馬鈴薯沙拉和高麗菜絲。

當時兒童餐的售價約為三十錢，約是現在一千日圓左右，雖然不能說非常便宜，但是在餐館中能夠以相較成人餐較低的價格吃到不同種類的食物，有些還有玩具拿，同時想吃飯又想吃義大利麵又想配點三明治，選擇困難時點一份兒童餐都可以滿足。誰說小孩子才做選擇，小孩子的兒童餐才可以實現「我全都要」的精神啊！

縮頭魚虱

—アジノエ—

有一天，一位嫁到日本的好友興奮的拿著一張鯛魚的照片問我：「你知道鯛魚的沒用知識嗎？」她給我看的照片是鯛魚的頭部靠近嘴鼻的地方，我回答：「天然真鯛的鼻孔是兩個洞，養殖真鯛的鼻孔是一個洞。」

她說什麼？原來鼻孔數量不一樣！但她要說的不是這個，放大魚嘴的照片後，我發現有兩雙眼睛盯著我，從小就害怕蟲類或長得像蟲類的生物的我整個毛骨悚然，原來是一種名為縮頭魚虱的甲殼類動物藏在魚嘴裡。

縮頭魚虱在幼蟲時期就會進到魚類的嘴巴裡，把自己的尾巴吸附在魚舌上吸取魚的血液，當魚舌被吸乾、喪失作用後，至少還會負責任地擔任起魚舌的工作，沒有利用完馬上就跑，縮頭魚虱不是始亂終棄的渣渣。

雖然縮頭魚虱長得有點像最近台灣引起話題的大王具足蟲，看起來很可怕，但長相駭人到鬼神逃竄幾乎可以避邪的縮頭魚虱在江戶時代奧倉辰行的《水族寫真》中，卻被譽為是「鯛魚九道具」中的「鯛之福玉」，被視為一種會讓好事發生的緣起物（梅）。

縮頭魚虱是順序性雌雄同體，變成雌性後會和進到魚口腔中的雄性結為夫婦，從此相親相愛同居，過著幸福快樂的寄生日子。正是因為縮頭魚虱常常成雙成對出沒，所以在江戶時代時，婚禮的時候還會特別準備帶有雌雄兩隻縮頭魚虱的鯛魚祝

（梅）緣起物（えんぎもの） 日常生活裡具有美好象徵，能招財祈福的物品。

賀新人，想必當時的人在鯛魚嘴巴裡看到縮頭魚虱的反應一定是「哇、好可愛、好吉祥！一點點都不噁心～」和現代人應該不太一樣吧。

上述提及縮頭魚虱會寄生在魚類的口腔，但根據種類差異，大致上會寄生在魚類的四個部位：口腔、鰓、體表、腹腔。喜愛占卜的江戶時代庶民當然不會錯過用「鯛之福玉」判斷吉凶的機會，據說藏在腹腔的縮頭魚虱比較少見，如果在料理鯛魚時，看到肚子裡有縮頭魚虱，那今天肯定是大吉之日。

既然本書是以食物為主題，你一定也很想知道縮頭魚虱可不可以吃吧？有時候在處理魚類沒有注意到縮頭魚虱，就會一起煮下去吃掉，縮頭魚虱雖然可愛的部分很不明顯，但還好吃進去肚子裡是無害的，甚至在日本料理網站上還有出現縮頭魚虱的食譜，例如有主婦用醬油砂糖味醂煮成照燒縮頭魚虱配飯吃，視覺上好吃的部分也不太明顯就是了。

剛好寫完這篇時要參加友人的婚禮，這位友人也是盡喜歡一些奇奇怪怪的東西，因此我在紅包袋上題字「祝縮頭魚虱」，並附上簡單的縮頭魚虱說明。事後友人開心地跟我說感受到了被縮頭魚虱祝福的力量。想要和別人有不一樣的婚禮祝賀詞嗎？推薦給各位「縮頭魚虱」。

蜜柑罐頭

—蜜柑缶（みかんかん）—

要準備去美國留學的你，看到蜜柑罐頭是不是突然想起阿梅的愛—小田切讓在出演的日劇《時效警察》裡曾經說過：「去美國留學的時候要給初次見面的人蜜柑罐頭。」這個傳聞呢？

就像同一部日劇裡無厘頭的對話：「星期天幹嘛戴眼鏡，又不是英國人。」一樣，都只是時效警察的編劇嗑了不少而已，並不是真的有這樣的傳統。

說到這裡都還沒有進入正題，為了趕快阻止把書放回書架上的你，只能趕快進入主題！蜜柑罐頭是日本原創，推測是一八七〇年代由東京銀座中川嘉兵衛製造、神崎三郎兵衛發售的商品。根據日本瓶裝罐頭食品協會（日本缶詰びん詰レトルト食品協会）的說明，約一八七二年左右中川嘉兵衛引進製作罐頭的機器並開始研究怎麼製造罐頭，一八八〇年開始販賣牛肉罐頭，因此推測蜜柑罐頭的誕生應該差不多在同個時期。

會製作罐頭的主要原因是希望能夠長期保存食物，所以罐頭業者製造較多肉類、魚類等難以長期保存的魚肉類罐頭為主。水果類的罐頭則因為製造方法及風味品質容易在製造過程中改變等等因素而較難製作，在當時製造蜜柑罐頭的國家大概全世界就只有日本。

俗話說有蜜柑的地方就會有人想把它變成罐頭，這些人就是日本人。於是日本人成為第一批看到蜜柑就決定要把它變成蜜柑罐頭並推廣到全世界的人類。最初販售的是附外皮的糖漬蜜柑罐頭，也就是把一整顆帶皮的蜜柑用糖浸泡在罐頭裡的謎之商品。不過製作和販賣一開始並不順利，推測明治初期販賣的帶皮糖漬蜜柑罐頭賣得不太好，可能被視為一種黑歷史，留存的紀錄非常少。

到了一八九七年，改成發售剝好皮的整顆蜜柑罐頭，只是那時候沒有很厲害的剝蜜柑皮機器，只好請一堆勞工手動剝蜜柑皮。即使如此大費周章，蜜柑罐頭還是賣得不好。但是成功之前難免會遇上幾次失敗，如果就此放棄，那本書的篇章就會減一。一九一七年又再進行了一次改革，除了主打蜜柑是勞工純手工剝皮以外，還用大量的糖來醃漬，走一個台南風甜爆的路線。

結果糖液和蜜柑的液體混在一起看起來視覺效果很不友善，味道也不如直接吃蜜柑來得好吃，蜜柑罐頭又失敗了。沒想到經過這麼多次失敗，蜜柑罐頭還是沒有被放棄，讓人不禁好奇蜜柑罐頭的魅力到底有多大，能夠讓人如此堅持也要做出蜜柑罐頭呢？如果要用四個字形容人不輕易放棄目標、永不妥協，相信「蜜柑罐頭」和「鍥而不捨」應該可以算同義詞。

總之經過一連串剝皮技術和糖味調整的改革，終於在一九三三年左右製作出外皮和白色纖維都可以完美去除、也可以將蜜柑一瓣一瓣撥開的技術，口味也調整成現在這樣酸酸甜甜恰到好處的味道。

蜜柑最古早的種植紀錄是西元七四〇年，但這棵老樹已經找不到了。退而求其次，乾脆來吃西元一一五七年種植的「尾崎小蜜柑先祖木（梅）」種出來的蜜柑。日

（梅）尾崎小蜜柑先祖木（尾崎小ミカン先祖木）位於日本九州大分縣的久見市。

本果物專門老舖「千疋（ㄆㄧˇ）屋」有賣這棵樹齡八百年以上的蜜柑樹種出來的蜜柑，它是日本現存最古老的蜜柑樹，日本人將其當作長壽的緣起物，雖然吃起來和一般的蜜柑差不多，但是一想到你吃到的是八百年的樹長出來的蜜柑，光是體感就覺得好像也一起變長壽了吧！

這就是對人生沒有幫助，但對蜜柑有幫助的蜜柑罐頭的歷史，如果你也覺得很有幫助，那你可能是顆蜜柑喔！

銀座千疋屋本店
住 東京都中央区銀座5-5-1 1F
電 03-3572-0101
營 11:00-19:00（週六、週日-18:00）
ginzasembikiya1894

開動了!

日本料理小知識放題

作者　梅用知世
插畫　Happieslin
封面設計　木木 lin
內文設計　男子製本所 J.J.CHIEN
特約編輯　男子製本所 J.J.CHIEN
企劃編輯　黃文慧

出版　晴好出版事業有限公司
總編輯　黃文慧
副總編輯　鍾宜君
行銷企劃　胡雯琳
地址　一〇四八八台北市中山區復興北路三十八號七樓之二
網址　www.facebook.com/QinghaoBook
電子信箱　Qinghaobook@gmail.com
電話　(〇二)二五一六－六八九二
傳真　(〇二)二五一六－六八九一

晴好出版

發行　遠足文化事業股份有限公司(讀書共和國出版集團)
地址　二三一新北市新店區民權路一〇八之二號九樓
電話　(〇二)二二一八－一四一七
傳真　(〇二)二二一八－一一四二
電子信箱　service@bookrep.com.tw
郵政帳號　一九五〇四四六五(戶名：遠足文化事業股份有限公司)
客服電話　〇八〇〇－二二一－〇二九
團體訂購　〇二－二二一八－一七一七分機一一二四
網址　www.bookrep.com.tw
法律顧問　華洋法律事務所／蘇文生律師
初版一刷　二〇二三年九月
定價　三八〇元
ISBN　9786269759057
EISBN(PDF)　9786269759033
EISBN(EPUB)　9786269759040

開動了!日本料理小知識放題/梅用知世著.-- 初版.-- 臺北市：晴好出版事業有限公司出版：遠足文化事業股份有限公司發行，2023.09　184面；13x19公分
ISBN 978-626-97590-5-7(平裝)
1.CST：飲食風俗　2.CST：文化　3.CST：日本
538.7831　112012977